# 生成性语言训练指南

## 关系框架理论与语言行为在早期干预中的整合应用

[美] 西里·明（博士，博士级行为分析师）
Siri Ming, Ph.D., BCBA-D

[美] 伊恩·斯图尔特（博士）
Ian Stewart, Ph.D.

[美] 约翰·麦克尔韦（行为分析师）著
John McElwee, BCBA

李慧琳（行为分析师）译

# USING RFT TO PROMOTE GENERATIVE LANGUAGE

V1 Integrating RFT and Verbal Behavior to Create a Foundation of Derived Equivalence for Early Learners

華夏出版社
HUAXIA PUBLISHING HOUSE

**图书在版编目（CIP）数据**

生成性语言训练指南：关系框架理论与语言行为在早期干预中的整合应用 /（美）西里·明（Siri Ming），（爱尔兰）伊恩·斯图尔特（Ian Stewart），（美）约翰·麦克尔韦（John McElwee）著；李慧琳译. -- 北京 ：华夏出版社有限公司，2025. -- ISBN 978-7-5222-0848-0

Ⅰ. G766

中国国家版本馆 CIP 数据核字第 2025N3X883 号

**生成性语言训练指南：关系框架理论与语言行为在早期干预中的整合应用**

**作　　者** [美] 西里·明　[爱尔兰] 伊恩·斯图尔特　[美] 约翰·麦克尔韦
**译　　者** 李慧琳
**策划编辑** 武纯丽
**责任编辑** 黄　欣
**责任印制** 周　然

**出版发行** 华夏出版社有限公司
**经　　销** 新华书店
**印　　装** 三河市少明印务有限公司
**版　　次** 2025 年 5 月北京第 1 版
2025 年 5 月北京第 1 次印刷
**开　　本** 710mm × 1000mm　1/16 开
**印　　张** 8.25
**字　　数** 133 千字
**定　　价** 39.00 元

华夏出版社有限公司　　地址：北京市东直门外香河园北里 4 号　邮编：100028
网址：www.hxph.com.cn　　电话：（010）64618981

若发现本版图书有印装质量问题，请与我社营销中心联系调换。

# 序 言

我很荣幸为我们《生成性语言训练指南：关系框架理论与语言行为在早期干预中的整合应用》的中文版撰写这篇序言。关系框架理论的美妙与强大之处源于这样一个事实：即你所做的内容并不重要，重要的是你所教授的行为模式。这意味着你可以为你的学习者选取任何相关内容——无论你或他们使用何种语言——并利用这些词汇和刺激来进行生成性教学。这真是令人非常兴奋的事。这本书现在可供各位使用，让你能在中文语境下与你的学习者一起使用。

本书所呈现的信息，是一段长期而富有成效的合作的首次成果。我第一次见到伊恩·斯图尔特和约翰·麦克尔韦是在 16 年前。2008 年，我在国际行为分析协会会议期间参加了一个关于关系框架理论和生成性语言的研讨会。当时，我立刻就被关系框架理论为我与孤独症儿童的工作所带来的前景所吸引。我一直觉得，我所服务的一部分人似乎缺少些什么——有些孩子在我们的项目中表现得非常好，后来成为了流利的说话者和倾听者，参与到学校和社区中，但其他孩子似乎就是停滞不前。他们的语言仍然是死记硬背的，局限于我们所教的内容。关系框架理论似乎为这个问题提供了答案，它专注于建立衍生关系反应的关键行为核心。我立即开始与伊恩和约翰合作，对他们的评估和培训方案（TARPA，关系能力先备与进阶测评）的各个方面进行试用，并开始加入他们的培训。

2010 年，我开始在戈尔韦大学攻读博士学位，继续这项研究，并更多地了解如何在实验室之外将关系框架理论和实验实践最好地运用于儿童工作中。我的第一个研究项目是关于如何最好地评估具有早期语言技能的儿童的关系框架技能库，以及在儿童缺乏这些技能时，如何教授最早的关系框架技能。项目期间，我从我的学生那里学到了很多，并且永远感激那些帮助我完成这项工作的诊所和行为分析师。经过几年对不同方案的研究、探索为什么有些方案有效而有些出乎意料地无效之后，我们确定了本书中呈现的这些方案——从在熟悉的情境中使用熟悉的刺激开始，以满足我们语言学习者最早的需求。现在，有了这本书，你就可以使用相关的中文刺激物和情境了。

然而，这本书中不仅有我的论文研究和伊恩实验室其他人的研究成果，也有我将这些原则和方案应用于我自己客户的经验，以及约翰和我几十年来在为孤独症儿童服务的项目（包括言语行为项目）中工作应用的成果。我们认识到这些项目的价值，特别是在与早期学习者合作以及建立合作的、适合当前发展阶段的、令人愉快的学习情境方面。你也会在我们的工作中看到这一点，我们希望你和你的学生能从中获得乐趣！

西里·明（博士，博士级行为分析师）

2024 年 11 月

# 目 录

# 第一章

# 本书内容介绍及相关理论

## 本书内容介绍

本书的重点是介绍一种相对较新的将语言概念化为行为的方法，以及使用这种方法为着重发展语言的孤独症儿童制订早期干预计划。该方法源于行为分析。当然，行为分析有着悠久的解决发育迟缓群体[1]社交和沟通行为技能与缺陷问题的历史，并且，近20年来，行为分析被公认为成功干预孤独症儿童[2]的基础。从这方面来讲，我们的方法并不新鲜。这里介绍的教学程序在许多关键方面与其他行为分析干预计划相似，这些计划自洛瓦斯的开创性研究成果[3]以来，已经发展了几十年，包括使用系统的离散单元训练来建立各种技能。我们的方法还结合了斯金纳语言行为分析[4]所制订的策略，重点是使用斯金纳的语言行为操作分类[5]，同时重点分析教学过程中的动机操作[6]，并强调使用自然情景教学[7]。

有充分的证据表明，基于洛瓦斯[8]和斯金纳语言行为分析[9]的教学计划对于教授孤独症儿童技能都是有效的。几十年的研究已经证实了应用行为分析（ABA）作为孤独症干预手段的有效性，我们很高兴看到孩子们在良好的干预下快速进步——他们是“毕业”于应用行为分析的学生，在语言能力方面与同龄人几乎没有区别。但我们也知道，即使有密集的行为干预，许多孩子仍然需要密集的直接教学来学习新词汇和新概念，而他们可能永远也不会展现出真正的对话性语言。这些孩子的词汇量可能很大，但他们不能流利、灵活、自发地使用这些词汇——

他们的语言是死记硬背而来的，当指令采用新的措辞方式或语境改变时，他们就很难做出反应。我们可以说，他们的语言缺乏生成性。

语言的生成性可以说成：说出以前从未说过的话、理解以前从未听过的话的能力，也就是能够说出无限多的话语，并且能够理解各种话语的能力[10]。这是发展全面的功能性沟通和社交互动的基础。因此，语言生成能力的发展和/或训练至关重要。尽管如此重要，但事实证明，帮助没有通过自然语言互动发展出这一技能的孩子建立生成性语言是个难题。如何教孩子们理解形式多变的常见对话？如何教孩子们用没被教授过的方式说话？我们作为有语言的人，为什么能理解自己从未听过的话，说出自己从未说过的话？这对老师和行为分析师来说，是个关键而复杂的问题。语言让我们能够对新刺激做出恰当的反应，以新方式对之前遇到的刺激做出反应，不需要直接的环境支持就能对文字（假设、抽象概念）做出反应。一般来说，健全儿童会通过与父母、其他看护人、同龄人、社会的大量语言互动来逐渐学习这一点，但许多孤独症儿童不行。关键问题是，我们如何才能有效地将这些技能传授给那些没有通过自然互动或行为干预计划学会这些技能的孤独症儿童。

由此说到书中所述方法的新内容：重中之重是制定强调建立生成性语言的方法。为此，我们的核心是评估和建立以及强化和增加任意适用的关系反应（AARR）能力，从理论和经验两方面来看，我们认为这是建立生成性语言的关键。关系框架理论（RFT）[11]，也简称关系框架，解释了任意适用的关系反应是如何被确立为操作性反应的，因此关系框架理论构成了我们方法的核心理论基础。

## 相关理论

### 关系框架理论

关系框架理论认为，学习语言的过程是学习反应的关系模式，儿童通过正常发展以及与父母、其他看护人和环境的互动，学会如何将词语与物品和其他词语联系起来，并根据互动情景，以多种方式将多种概念联系起来。要理解这个过程，我们先来考虑反应的"关系性"或符合"关系模式"是指什么。为了理解我们所说的"关系模式"，用熟悉的方式想一想可能会有所帮助，想一想我们能够根据新刺激之间的关系对其做出反应。能配对物品就是一个典型例子——（在很小的时候）我们学习并练习配对和分类物品，如果两个物品看起来一样，那就把它们放在一起或进行配对。我们学会了这一点，配对新物品就不需要任何与该物品相关的经验。但我们的反应是基于已经习得的、按照模式做出的反应，模式才是重要的（这里指"相同"的模式），而不是具体的事物或行为本身。

许多物种，包括人类，都可以根据相关刺激的物理属性学习泛化关系反应（例如，选取一个物理属性相同的物品，就像刚刚提到的相同配对，或者在比较反应时，选择物理上比另一物品大或小的）。这被称为非任意关系反应[12]。但除了能够做到这一点，我们人类（显然是唯一的物种）还可以不主要依赖刺激物之间的物理关系，而是根据其他情景提示来学习对刺激做出反应的关系模式。在关系框架理论术语中，这被称为任意适用的关系反应或关系框架。我们认为这种能力是语言衍生的关键。

**进一步了解关系框架理论**

Foxylearning RFT tutorial：https://foxylearning.com

Dymond, S., & Roche, B. (2013). *Advances in relational frame theory: Research & application*. Oakland, CA: New Harbinger Publications.

Hayes, S. C., Barnes-Holmes, D., & Roche, B. (2001). *Relational frame theory: A post-Skinnerian account of human language and cognition*. New York: Plenum Press.

Stewart, I. (2016). The fruits of a functional approach for psychological science. *International Journal of Psychology*, 51, 1,15–27.

Törneke, N. (2010). Learning RFT: *An introduction to relational frame theory and its clinical applications*. Oakland, CA: Context Press.

语言发展中任意适用的关系反应（AARR）的最早例子是学习将名称和物品相对应，即使它们在物理属性上并不相同。例如，要教孩子认识一种他从未见过的叫“孔雀鱼”的鱼，那我会指着鱼说“这是一条孔雀鱼”，并让孩子重复“孔雀鱼”这个词。基于这种训练，我们可以预见，孩子以后再看见这种鱼时，就能说出“孔雀鱼”这个词。不过，语言能力非常高的孩子以后看到这种鱼时，不仅能说出“孔雀鱼”这个词（给出物品 A，能说出名字 B），还能在被问到“孔雀鱼在哪里？”时（给出名字 B，能指出物品 A），指出这条鱼。后一种反应不是直接教授的，它就是衍生关系反应。根据关系框架理论，孩子能在直接教授的反应（A—B）之外展现出衍生关系反应（B—A），是因为他认为刺激和名字的功能等同。尽管该刺激（名称和物品）在物理属性上不同，但有语言的人根据出现的特定提示（包括“是”或者“和……一样”），将名字—物品视为在功能上相同。也就是说，孩子会用这些提示和名字—物品（或反过来）的单向关系，推导出名字和物品在功能上相同，然后做出双向反应。这就是前面说的任意适用的关系反应。其实，这是获得任意适用的关系反应最简单也是最早的形式，同时也是语言上的描述（有时也称为命名）的关键，因此也是语言的基础。任意适用的关系反应中出现未经教授或衍生的反应，表明它在衍生语言中是至关重要的，所以我们在帮助衍生语言能力不足的孩子时，应该针对这一能力对其展开训练。那么，该能力是如何建立的呢？

任意适用的关系反应是一种操作，与其他操作一样，是通过多种学习机会建立的。特别是在名字—物品双向反应时，孩子会逐渐接触许多被明确告知某特定名字与某特定物品配对以及该特定物品与该特定名字配对的情况。父母或其他看护人先指着某物品说出它的名字，如果随后孩子指向或看向被命名的物品，就会受到表扬。孩子也经常被要求说出父母所指的物品的名字（孩子这样做时，也会得到表扬和关注）。这发生在特定的情境中（例如之前提到的“是”或“和……一样”，加入新物品和 / 或词语等），这些情景预示着按照双向模式反应会得到强化。也就是说，对于任何名字—物品配对，物品在功能上与名字相同，孩子可以在看到物品时说出名字，也可以在听到名字时指出物品。通过大量不同的名字—物品配对的教学，孩子最终学会了在情境控制下，按照这种名字与物品功能相同的模式做出反应。由于这种反应不取决于相关事物的物理（非任意）特征，只取决于情境提示，它可能适用于任何物品—名字（或任何类型的刺激），因此有“任意应用”的说法。

刺激等同[13]给出了另一个（稍微复杂一点的）任意适用的关系反应的例子，其衍生出未经教授的新反应。在这里，彼此相同的刺激衍生不止两个，而是三个以上。例如，告诉孩子，声音“狐猴”（A）是图片上动物（B）的名称，（声音）“狐猴”（A）的文字是文字刺激“狐猴”（C）。因为这种训练在许多方面为包含这三种刺激的相同模式提供了提示（也许最明显的提示是“是”这个字），所以一般有语言的孩子可能会立即把声音（A）、图片（B）和文字刺激（C）视为功能上彼此相同。因此，他还能展示几个刺激之间的关系，这些关系不是直接教授的，而是根据这一重要的相同模式衍生出来的。例如，可能会衍生出图片（B）与文字刺激（C）相匹配，反之亦然。重申一下，虽然像这样的衍生关系不是直接教授的，但它们也属于这一重要模式，在这个模式中，即使 A、B、C 这三种刺激在物理属性上不同，也都被视为可相互替代或等同。

衍生等同，现在理论已经成熟且经过深入研究，并已被广泛应用于一般发展和发育迟缓的成人与儿童。在当前情境下，等同的展现与语言能力密切相关。例如，研究[14]表明，两到三岁的一般发展儿童开始展现命名和等同；但研究也表明，许多有严重语言缺陷的孤独症和其他发育障碍者往往不能展现这种能力[15]。我们自己的研究[16]和其他人的研究[17]表明，衍生等同（和其他衍生关系模式）的表现，与语言和认知的各种表现有很强的相关性。这些经验性的联系，有力地支持了任意适用的关系反应是语言的基础能力这一观点。

关系框架理论使用“关系框架”一词，作为任意适用的关系反应的另一个术语。因为“框架”提供了一个简洁的比喻，说明我们学习和展示出的是一种可以应用到任意刺激的模式，无论刺激的物理特征如何，就像画框里可以放置任意一幅图片，无论图片上有什么。如上例中，声音“狐猴”（A）、动物的图片（B）和文字刺激“狐猴”（C）基于相同模式的提示而被视为彼此相同。但从关系框架理论的角度来看，相同性只是关系框架的类型之一。还有许多有实验证据支持的框架，包括不同[18]、比较[19]、相反[20]、类比[21]、时间[22]和视角转换[23]等。关系框架理论的支持者认为，这种关系模式或框架的多样性，正是人类语言多样性、复杂性和衍生性的基础。

例如，从比较的关系框架考虑，如果我说“约翰比弗雷德高”，那你不需要看到他们，就能衍生出“弗雷德比约翰矮”这个推论。在这种情况下，你是根据“比……高”这一线索，而不是根据人物实际的物理属性对他们进行比较的。显然这两个人物是假设的，你看不到他们，但你仍然可以衍生出正确的答案。这很容易就能做到，因为你一直都在接触这种模式，如果 X 比 Y 高，那么 Y 就比 X 矮。你最初学习这种关系时，可能先看实物演示，经过多次示范，你不用看到实物也能描述谁比谁高。

例如，空间关系反应，给孩子讲高层住宅的故事。如果孩子有很多根据空间关系回应和谈论所处环境中事物的经验，当你告诉他“约翰尼住在苏西楼上”时，那就不需要专门告诉他，也不需要给他看约翰尼和苏西居住位置的图片，他就能知道“苏西住在约翰尼楼下”。和比较关系一样，空间关系首先是通过可以看到彼此关系的物品和图片学习的；随着这种关系的强化，就发展到不用看，只谈论空间上相关的物品。

尽管关系框架有许多不同的形式或模式，但从关系框架理论的角度来看，它们都有三个核心属性：相互蕴含、组合蕴含和刺激功能转换。我们可以将其视为学习特定框架的人会展现的衍生模式，因此，这些是关系框架所促进的衍生的核心。相互蕴含需要学习两个物品在一个方向上的关系（A → B），然后不需要接受专门教导（即教导衍生关系），就能衍生出两个物品在另一个方向上的关系（B → A）。前面命名的例子体现了相同框架的这一特点，而在其他类型的框架里，关系是根据该框架衍生的。例如：A 比 B 高，那么 B 就比 A 矮；A 在 B 的上面，那么 B 就在 A 的下面，等等。

组合蕴含需要组合两个刺激关系（经过训练的或衍生的）来得到第三个关系：如果 A → B，C → B，那么 A → C，C → A。例如，教孩子把球棒和球配对，棒球手套和球配对，那么不需要专门教导，他就可以把球棒和棒球手套配对。和相互蕴含的例子一样，关系是根据框架衍生出来的。例如：在相反关系的框架中，如果 A（热）和 B（冷）相反，C（烫）和 B（冷）相反，那么 A（热）和 C（烫）就是相同的。在比较关系的框架中，如果一欧元比一美元值钱，一美元比一卢布值钱，那么一欧元就比一卢布值钱，一卢布不如一欧元值钱，等等。

当一个刺激的功能随着该刺激与关系框架中的另一刺激之间的关系而改变时，就展现了关系框架的第三个属性——刺激功能转换。在行为分析中，任何刺激都具有多种功能——红灯具有使人停止的区辨功能，柠檬具有酸味的感知功能，猛兽具有引起恐惧的功能，一美元具有强化功能，等等。当这些刺激与其他刺激（文字和相关物品）一起出现在关系框架中时，它们的功能也会转移（和转换）到其他刺激上。这一特性至关重要，因为它涉及在未经直接训练的情况下通过关系框架改变行为。例如，孩子已经知道，他可以用某种硬币在商店里买东西，然后别人告诉他，他从未见过的另一种硬币比第一种硬币更值钱。孩子如果在比较关系框架方面具有足够的能力，就能够根据这种关系做出反应，从而转换第二种硬币的强化功能，他就会更想要第二种硬币。尽管孩子只受到第一种硬币的强化，但之后如果让孩子选择，他很可能会要第二种硬币，而不是第一种。也就是说，通过关系框架（这里是比较关系）进行的刺激功能转换，让孩子对没有直接建立强化的硬币做出了反应，并且这种硬币比直接建立强化的硬币更具有强化作用。这说明了关系框架强大的转换作用，以及为什么这种能力一旦建立，就会变得如此具有衍生性和影响力。

从关系框架理论的角度来看，是关系框架及其伴随属性（相互蕴含、组合蕴含和刺激功能转换）使特定的衍生关系反应得以发生，因此，这种能力对有语言的人的衍生至关重要，也是发展潜在衍生语言的关键。在将关系框架视为一种泛化操作的观点看来，重要的是，关系框架不是一个人要么做要么不做的事（大有尝试空间！），而是和其他泛化操作一样，是一种技能。个体的该项技能可能是较弱的（例如对各种情境的泛化程度较低，反应速度较慢），也可能是强大的（例如流畅地泛化到各种情境）。你们都有一定程度的阅读能力，但有些人的阅读速度比其他人更快——阅读技能更流畅。有些人识谱，甚至能看谱弹奏——因为练过这种技能而更加厉害。因此，在任何与衍生关系有关的情况下，也就是几乎所有基于语言的任务中，练习关系框架能加强操作，使人有更流畅的反应，这并不奇怪。关系框架理论的研究表明，如果孩子还没有掌握特定的关系框架，那么训练可以使他们习得这些框架，而加强已经建立的框架技能可以显著提高智商分数[24]。这些支持了关系框架理论的核心论点：关系框架是人类语言所有潜在的衍生性和复杂性的核心。因此，关系框架是我们在建立或加强孩子能力中的这些关键方面时要关注的关键操作。

## 整合关系框架理论和斯金纳语言行为

本书旨在指导人们将基于关系框架研究的成果，以及各种行为分析文献中其他重要的衍生基础技能的研究成果纳入为孤独症儿童设计的计划中，包括使用斯金纳语言行为方法来整合研究和应用成果，有些人认为，这与关系框架理论有矛盾（见技术附录："语言行为"的定义）[25]。我们则认为，这两种方法是可兼容的，尤其是在侧重于（我们将在本书中这样做）将相同框架（或等同框架）作为评估、教导用于语言教学的早期干预计划的第一种关系模式时。

### 技术附录："语言行为"的定义

斯金纳创造了"语言行为"一词，用来指代对语言的技术性描述。正如行为分析师所知，在斯金纳的论述中，核心定义过程是由经过训练的听者发生的强化反应，并且可以根据分类法进行分类。该分类法根据"语言操作"前置和结果的控制变量（提要求、命名、仿说、交互式语言）来确定不同的"语言操作"。

关系框架理论有时使用"语言行为"一词，也是为了指代对语言的技术性描述。但在这种情况下，核心定义过程是关系框架（任意应用的衍生关系反应）。因此，和斯金纳的分析一样，关系框架理论也强调语言行为是一种操作类型，但关系框架理论对语言行为的定义既不包括强化源，也不包括刺激或反应的形式。

为清楚起见，在描述上述内涵的语言行动时，我们将不使用"语言行为"一词，而始终使用术语"关系框架"或"衍生关系反应"。我们将仅在特定的语境下使用"语言行为"一词，例如，在强调"斯金纳语言行为分析"或"斯金纳语言操作"来引导读者了解该分类法时。

特别是从帮助早期语言学习者的角度来看，将斯金纳语言行为方法与关系框架理论相结合有相当大的优点，这离不开将教授早期语言操作反应的成果[26]与关系框架和衍生关系的文献有效结合。当相同框架包括听觉和视觉刺激时，从斯金纳语言行为分析的角度来看，这些反应包括两个主要的语言操作——命名和交互式语言，以及听者行为（详见图 1.1）。德莫特・巴恩斯 - 霍姆斯等人[27]提出，斯金纳语言操作——提要求、仿说、文字行为、转录、命名、交互式语言和自动附加——可以分为两种形式，一种基于直接的后效训练（教导），一种基于关系框架（简明起见，在特定语言操作反应中，将简称为"衍生"，如"衍生命名"）。许多研究调查了与斯金纳语言行为分析相结合的关系框架范式的使用情况[28]，包括使用多重示范训练（MET）来训练与听觉和视觉刺激的相同关系[29]——衍生命名和衍生交互式语言反应。这些成果为本书提供了重要的经验背景。

斯金纳语言操作的听觉和视觉刺激关系：

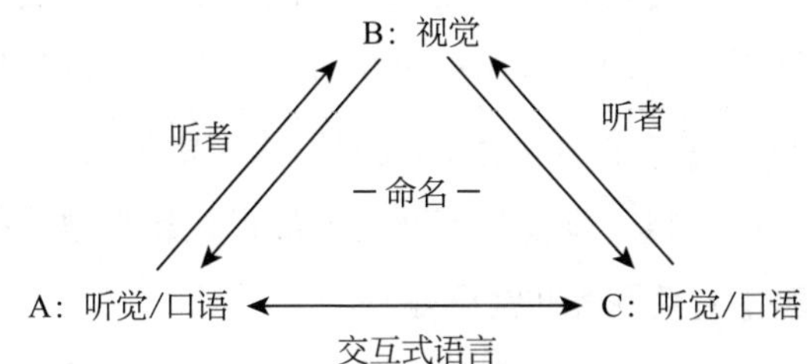


斯金纳语言操作听觉和视觉刺激的教学和衍生关系：

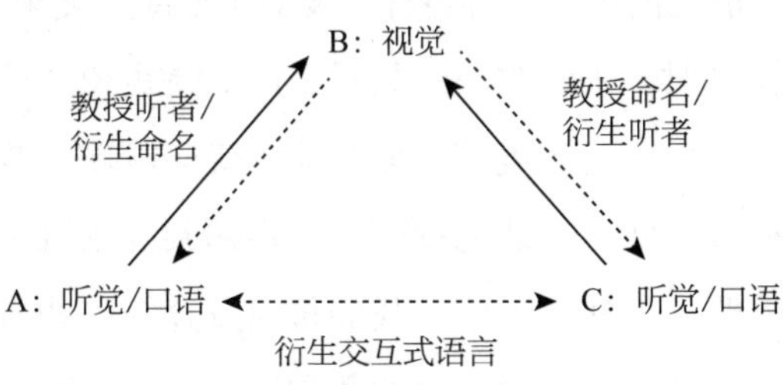


**图 1.1　衍生关系的语言操作**

## 关系框架理论（RFT），语言行为（VB），早期密集行为干预（EIBI）

从我们的角度来看，任何早期密集行为干预（EIBI）项目在语言教学方面的主要目标都是让学生学习进入新环境所需的技能——特别是自然语言活动这种可能非常丰富的学习环境，它要求学生能够对以前没有听过的词句做出反应，而这些反应以前不一定教过。因此，在实践工作和本书中，我们建议，在制定早期密集行为干预项目时采用确定交点行为[30]的框架，以达到建立衍生语言的最终目标。交点行为可以定义为使人们接触新后效的行为改变，这些后效对于建立和维持其他新行为有广泛而重要的影响，此时，我们就确定了发展和加强关系框架技能必备的基础条件和具体的衍生关系反应能力。确定将交点行为作为主要目标，也就拒绝了将回合数视为进步的重要衡量标准。我们见过许多孩子学会了大量简单的闪卡命名，或能回答交互式语言的问题，但却不能进行对话，不能自发地描述所处环境，或者除了主要强化物，不会要求其他任何东西。事实上，正是学生们灵活性和衍生能力的缺乏，才促使我们探索并最终研究了语言和复杂行为的其他概念，制订了本书中的教学流程。因此，我们不从需要学习的"目标"或"项目"的角度来看待干预，而是将干预视为不断发展的评估和教学的循环，以建立并加强交点行为，这对建立关系框架非常重要。

现在有越来越多的证据表明，我们既可以利用现有的关系框架技能，快速有效地教授新概念，并衍生出更多各种各样的反应（如新的要求），也可以在没有衍生关系反应的特定模式时，训练与衍生关系反应的特定模式相关的关系框架技能（建立关系框架模式本身）。对于确定所教技能的优先顺序（跨多种关系框架的灵活衍生关系反应）和教授此类技能的程序，关系框架理论既提供了明确的经验证据，又提供了明确的概念，在本书中，我们将重点介绍这些方面的相同框架。衍生关系反应的文献除了建议采用更有效的教学策略，对于孤独症或发育障碍患者的语言教学也具有重要意义，这是本书教学流程的基础。我们认为图 1.2 中概述的技能是早期干预的主要关注点，这些构成了本书中各章节的基础。

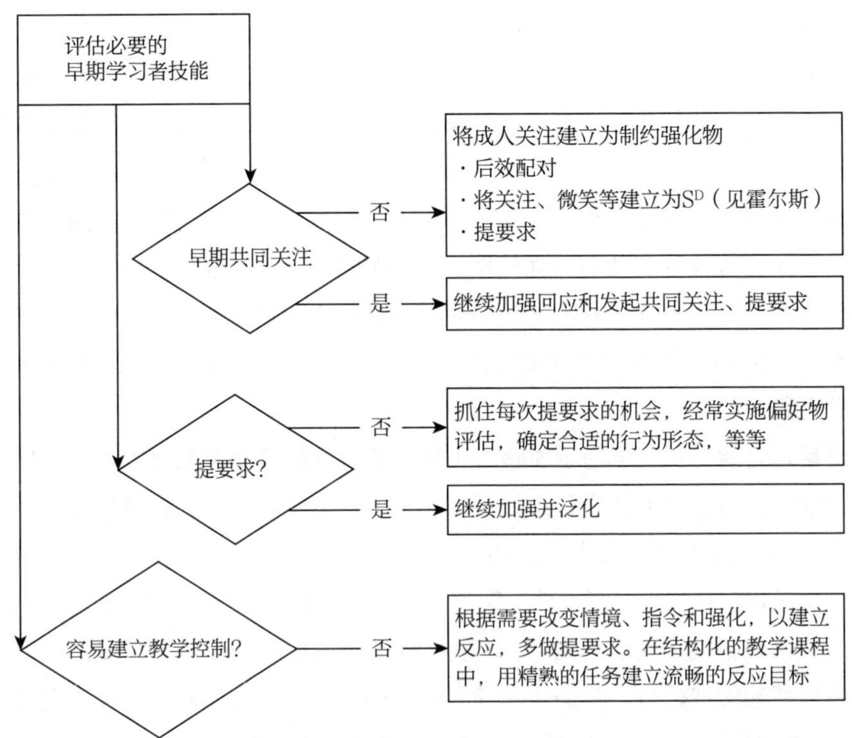


**图 1.2　早期学习者技能流程图**

### 衍生语言的基础

首先，应该建立许多重要技能，因为它们是衍生语言的基础。因为这些技能包含大量衍生关系反应之外的技能（但对衍生关系反应来说可能是必要的），所以本书不会深入讨论这些技能，但我们确实认为这些是基本技能，所以会简要介绍一下。在进一步评估后，我们发现，许多来咨询有关死记硬背的反应和建立关系框架问题的个案，都需要在一项或多项关键技能上做密集训练。如流程图所示，在开始评估和研究关系框架技能之前，必须确保已建立以下能力。

**早期学习者技能**：无论学生的语言能力如何，其课程的第一步都应该是评估必要的学习者技能。也就是说，学习者是否具备参与学习活动所需的社交参与技能和基本的功能沟通能力？他们是否愿意学习，渴望与你互动并参与你指导的活动？如果没有，那么必须先教授这些技能。因此，在考虑关系框架之前，首先要评估并建立那些技能，它们对学习者的意愿、动机至关重要：建立教学控制，建立社会性制约强化物和共同关注，建立提要求的能力。这些在“语言行为方法”项目上有相当大的优势，我们会引导读者对它进行更全面的处理，特别是桑德伯格（Sundberg）等人[31]、卡本（Carbone）等人[32]、格里尔（Greer）等人[33]的成果。除了这些项目中概述的更自然的“配对”程序，[34]我们还建议共同关注技能的系统教学应包括建立社会性强化物、目光跟随、共同关注物品以及用手势相互确定物体的位置和方向；佩莱兹（Pelaez）[35]根据自己的、霍尔斯（Holth）等人[36]的、琼斯（Jones）等人[37]的成果描述了这样的策略。我们会引导感兴趣的读者查阅这些资料。

**早期语言能力**：在学习者能够衍生出刺激之间的任意关系之前，要先建立很多基础能力，包括对非任意关系的反应和学习任意制约区辨，也就是泛化配对和模仿（对有语言的学习者来说，还有仿说）的能力，以及命名、听者区辨（听觉—视觉区辨，也称为“接受性”区辨）、交互式语言能力。长期以来，泛化的相同配对和模仿被视为交点行为[38]，而教授视觉相同配对的项目是早期密集行为干预项目的普遍组成部分。我们还建议为泛化相同配对设定明确的目标（根据相同物理属性配对新样本），而不是止于完成配对教学的样本数量。还需要强调的是，学习者一旦建立了视觉配对能力，就必须通过多种配对模式（包括听觉[39]、触觉、嗅觉和味觉配对）来加强这种能力。有大量的资源可以帮助从业者了解教授命名、听者区辨和交互式语言能力的最佳方法，我们只想指出，无论研究的是哪种关系反应能力，在任何语言项目中，都需要扩大词汇量。丰富的词汇量甚至可以让更多的刺激产生联系。因此，扩大孩子的词汇量，对于关系训练来说是非常有用的补充，就像配对、命名、听者能力能通过多感官的刺激控制来扩展一样。

**灵活性与泛化**：应该在测试衍生关系反应（在下一章深入讨论）的同时，评估几个对灵活性和生成性语言至关重要的能力。首先，泛化是新（未经教授的）反应的一个重要方面，有大量其他资源可用于制定此类泛化，所以这里不讨论刺激泛化或可变性，但我们发现，重组泛化[40]在早期密集行为干预项目中不太常见。我们建议，只要是基于包含两个部分（例如名词—动词、动词—名词、形容词—名词）的反应做出的命名或听者目标，就应该使用矩阵训练[41]教学，而不是教授

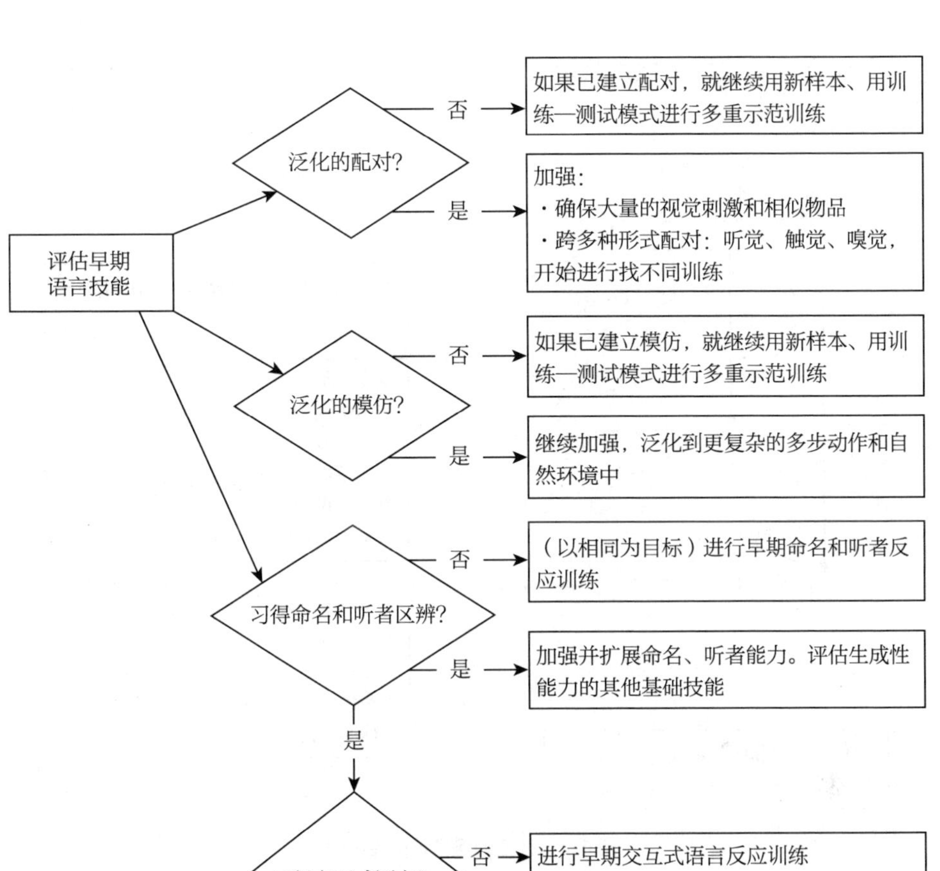


**图 1.3　早期语言技能的评估流程图**

两个词的短语。同样，观察学习也不是系统化教学的目标，但对于自然环境中的有效学习显然至关重要，因此应尽可能将促进观察学习的策略纳入项目中[42]。

在临床工作中，我们还发现，许多学习者难以在不同的、不断变化的刺激控制下展现出流畅的反应，这会影响他们的衍生关系反应测试。当学习者不能准确回答“不纯命名”的问题时，他们往往就会显现出这个问题，例如回答某物品是“什么颜色”或“什么形状”时。无论是通过命名还是先前的配对，对“颜色”与“形状”的提示做出反应的密集教学，都是开始提高这种灵活性的合理方式。对各种非任意关系的提示做出反应，如相同与不同，是提高灵活性的另一个重要途径。

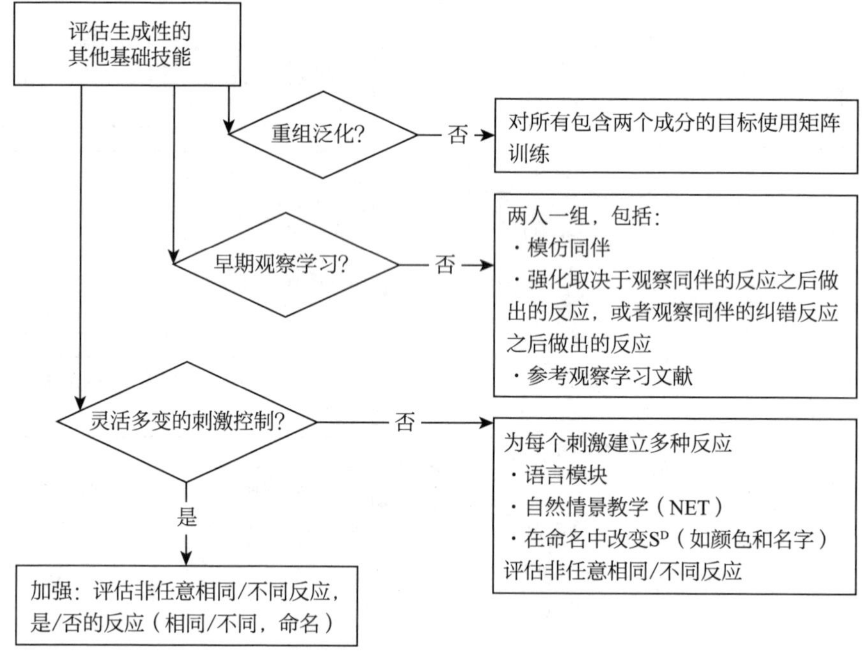


**图 1.4 补充的基础技能流程图**

## 用关系能力先备与进阶测评（TARPA）评估并训练早期语言技能

关系能力先备与进阶测评（The Training and Assessment of Relational Precursors and Abilities, TARPA）包含很多评估与训练以下能力的工具：

· 简单区辨（视觉和听觉）。

· 非任意制约区辨（视觉和听觉相同配对）。

· 任意制约区辨（视觉—视觉，视觉—听觉 / 听觉—视觉，听觉—听觉）；这里可以根据标准来进行评估，以及评估和训练新的听者区辨、基于选择的命名、基于选择的交互式语言和任意视觉配对。

### 技术方面：衍生、泛化和可变性

在早期密集行为干预中，新反应的出现一直被认为是至关重要的。例如，洛瓦斯（1981，第 110 页）说："无论是刺激还是反应，一定程度的泛化对成功的教学来说至关重要。不管怎样，你必须进行一些改变，因为你不可能在所有环境中建立所有行为。"广泛使用的评估工具，如语言行为里程碑评估和安置计划（VB-MAPP，桑德伯格，2008），以及基本语言和学习技能评估（ABLLS，帕廷顿，2006），也认可新的或未经训练的反应作为关键进步标志的重要性，因为它确定了进步标志，比如在未经训练的情况下跨操作转移技能，并指出，"未能成功展现反应泛化通常是'死记硬背语言反应'的一部分。尽管有各种各样的正确答案，可孩子总是对问题给出相同的答案"。（桑德伯格，2008，第 118 页）这时，这种新反应常常被称为"反应泛化"。虽然"反应泛化"一词被普遍使用，但我们认为它在指导实践方面用处不大，因为它并没有确定取得成功结果所必需的过程，与刺激泛化的定义不同。刺激泛化的定义产生了许多泛化计划的建议和现在常见的做法（斯托克斯与贝尔，1977）。

将一种新反应模式解释为泛化类型时，建议最好弄清楚泛化的确切类型，如重组泛化、刺激泛化或反应诱发。但我们认为，在人类语言中出现的大多数形式的新的反应或衍生反应中，涉及的不是泛化，而是衍生关系反应 / 关系框架。对此，我们将在本章后面讨论。

将泛化、衍生关系反应和可变性区分开来也很重要。可变性是指，与给定反应类组内的其他可能反应相比，特定反应的频率。累数计划可用于增加各种反应的可变性，如命名（赫尔特与施格林，2012）、口语行为（如埃施，埃施与爱，2009）、对社会性问题的反应（李 · 麦科马斯与贾沃尔，2002）。无论对问题的反应是不是最初教过的，或者是否算作泛化或衍生的实例，都可以衡量其可变性。

### 评估、训练以及运用关系框架技能

当学习者掌握了这些基本的早期技能和早期语言能力时，我们就可以开始评估他们的关系框架技能，为制定目标和课程提供参考。尽管目前这还不是孤独症儿童干预计划中的典型评估内容，但它应该是。我们没有垄断进行此类评估，我们的教学流程和建议基于我们自己的研究和经验以及其他人使用不同工具所做的大量工作（详见电子评估资源，包括训练—隐含关系评估协议 T-IRAP[43] 和关系完成程序 RCP[44]）。第二章中的评估流程基于我们对关系能力先备与进阶测评（TARPA）的研究以及运用 TARPA 的研究[45]。本书将对 TARPA 的使用进行说明。不论你使用什么工具，我们提出的评估、制订计划、解决问题的原则和策略，适用于所有侧重衍生的教学环境。

如果学习者不能展示特定关系框架技能（无论是双向命名、等同还是更高级的关系框架），那就可以认为，课程规划应侧重于通过相关反应模式的多重示范训练来建立这些技能。卢奇亚诺等人[46]在关系框架理论的基础上，对早期关系操作的训练提出了许多建议。目前的证据基础[47]也说明了一些重要的教学和课程排序原则，我们将在第三章中回顾这些原则并提供教学流程。

**电子评估资源**

关系能力先备与进阶测评（TARPA）

https://hedgehogpublishers.com/TARPA

训练—隐含关系评估协议（The Training-Implicit Relational Assessment Protocol, T-IRAP）

https://go-rft.com/go-irap/

关系完成程序（Relational Completion Procedure, RCP）

https://dymondlab.org/software/

最后，如果学习者能展现特定类型的关系框架技能（如等同、双向命名、比较），那么这些技能就可以用于更有效地安排课程以学习新词汇和学术技能，并快速扩展功能沟通技能。此外要知道，学习者能够展现特定的关系框架技能，是不再专门针对某个特定技能的标志之一。例如，学习者能够展示等同，可能就没有必要继续把特定的名词、动词等作为听者区辨和命名教学的目标。可以说，这样的关系框架技能相较于单纯的听者区辨或学习者学习的命名数量，是一个更重要的进步的标志。我们将在第四章回顾如何将基于等同的教学（Equivalence-Based Teaching，EBT）融入计划中。

采用我们的方法时，无论您正在教授什么课程，我们都建议您做行为分析师一直在做的事情：在情境中将语言作为行为进行评估，并使用所有手头的工具来影响该行为。我们将在本书中提供更多的工具来帮助您完成此操作。

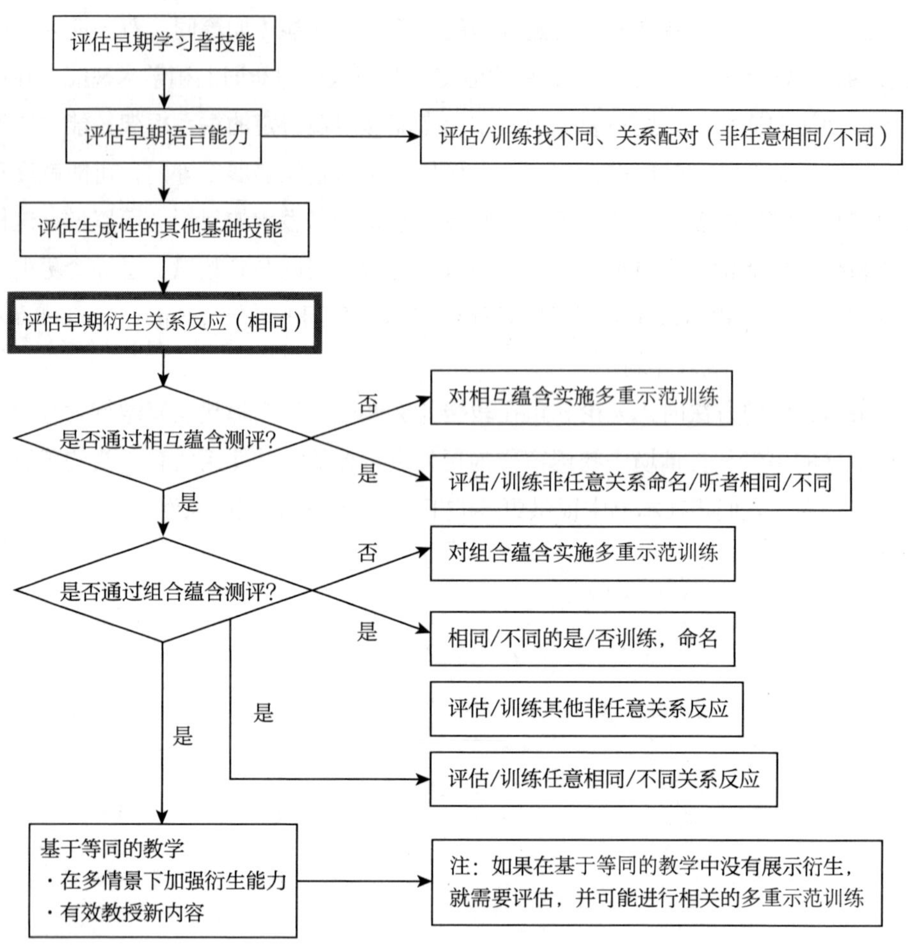
评估早期学习者技能
评估早期语言能力
评估/训练找不同、关系配对（非任意相同/不同）
评估生成性的其他基础技能
评估早期衍生关系反应（相同）
是否通过相互蕴含测评?
否
对相互蕴含实施多重示范训练
是
评估/训练非任意关系命名/听者相同/不同
是
是否通过组合蕴含测评?
否
对组合蕴含实施多重示范训练
是
相同/不同的是/否训练，命名
评估/训练其他非任意关系反应
是
评估/训练任意相同/不同关系反应
是
基于等同的教学
· 在多情景下加强衍生能力
· 有效教授新内容
注：如果在基于等同的教学中没有展示衍生，就需要评估，并可能进行相关的多重示范训练

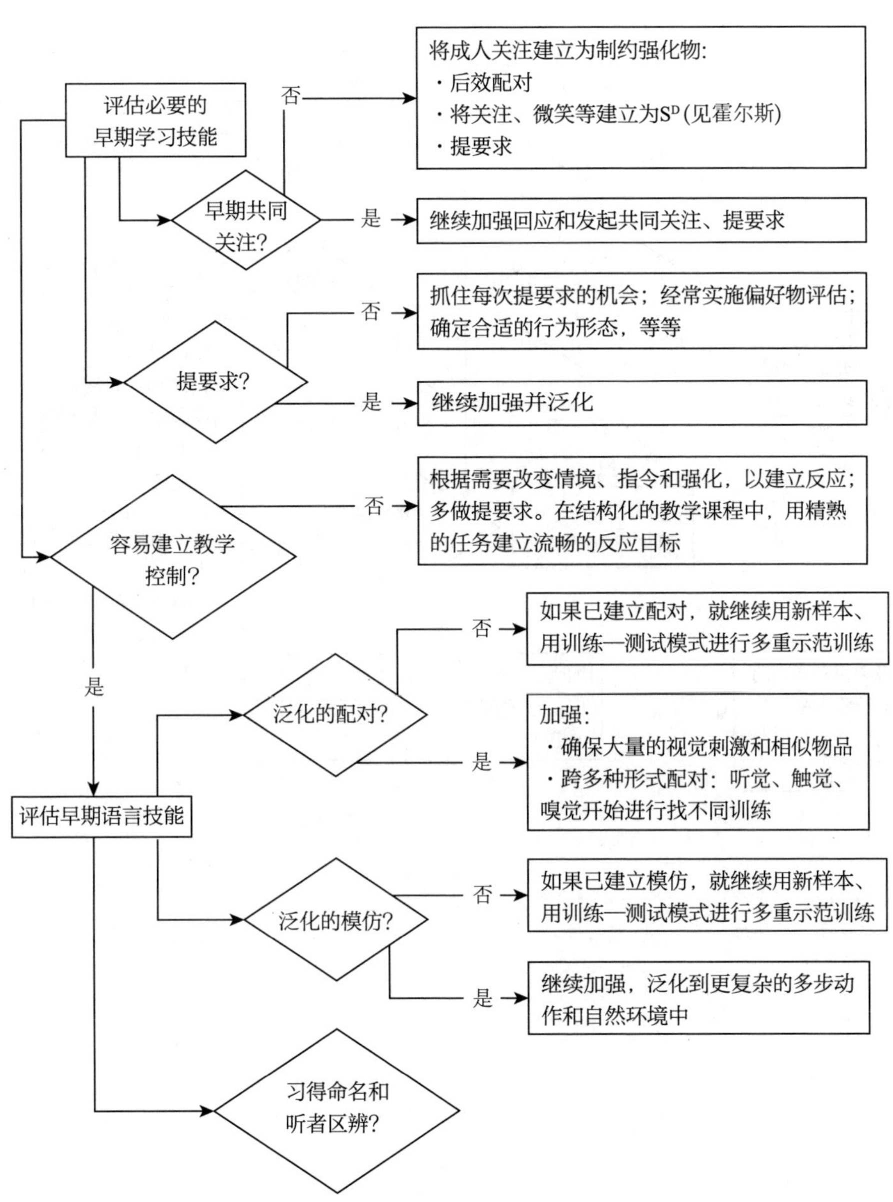
评估必要的
早期学习技能
否
将成人关注建立为制约强化物:
· 后效配对
· 将关注、微笑等建立为$S^D$(见霍尔斯)
· 提要求
早期共同
关注?
是
继续加强回应和发起共同关注、提要求
否
抓住每次提要求的机会；经常实施偏好物评估；
确定合适的行为形态，等等
提要求?
是
继续加强并泛化
容易建立教学
控制?
否
根据需要改变情境、指令和强化，以建立反应；
多做提要求。在结构化的教学课程中，用精熟
的任务建立流畅的反应目标
是
泛化的配对?
否
如果已建立配对，就继续用新样本、
用训练—测试模式进行多重示范训练
是
加强:
· 确保大量的视觉刺激和相似物品
· 跨多种形式配对：听觉、触觉、
嗅觉开始进行找不同训练
评估早期语言技能
泛化的模仿?
否
如果已建立模仿，就继续用新样本、
用训练—测试模式进行多重示范训练
是
继续加强，泛化到更复杂的多步动
作和自然环境中
习得命名和
听者区辨?

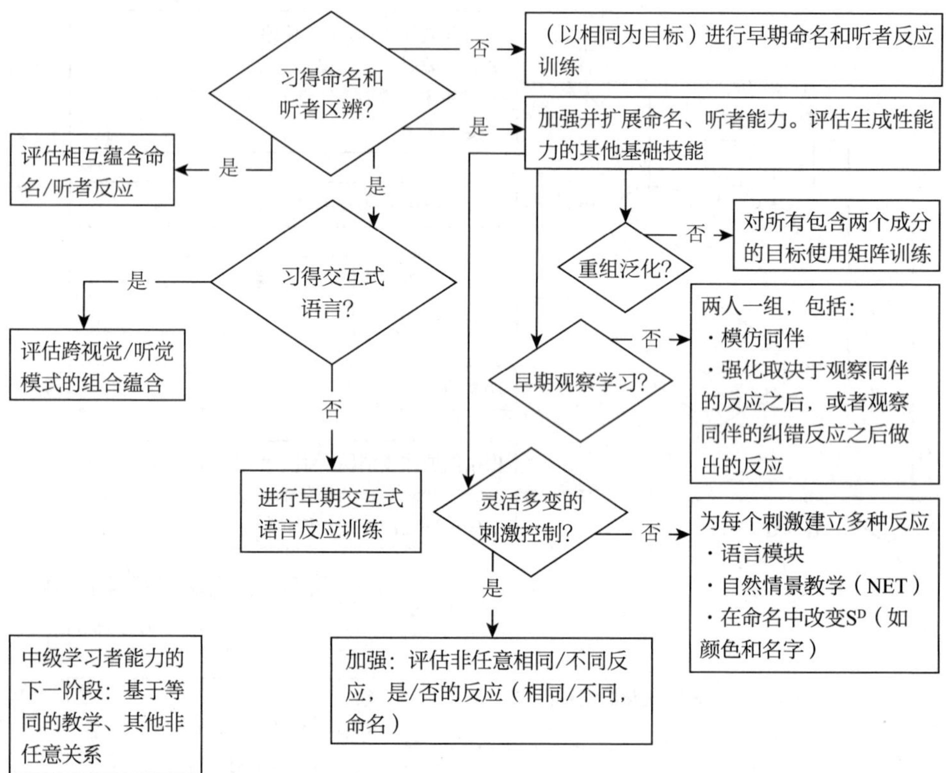
习得命名和听者区辨?
否
（以相同为目标）进行早期命名和听者反应训练
是
加强并扩展命名、听者能力。评估生成性能力的其他基础技能
是
评估相互蕴含命名/听者反应
是
习得交互式语言?
是
评估跨视觉/听觉模式的组合蕴含
否
进行早期交互式语言反应训练
重组泛化?
否
对所有包含两个成分的目标使用矩阵训练
早期观察学习?
否
两人一组，包括：
·模仿同伴
·强化取决于观察同伴的反应之后，或者观察同伴的纠错反应之后做出的反应
灵活多变的刺激控制?
否
为每个刺激建立多种反应
·语言模块
·自然情景教学（NET）
·在命名中改变SD（如颜色和名字）
是
加强：评估非任意相同/不同反应，是/否的反应（相同/不同，命名）
中级学习者能力的下一阶段：基于等同的教学、其他非任意关系

# 第二章

# 评估早期衍生关系反应

## 如何评估早期衍生关系反应

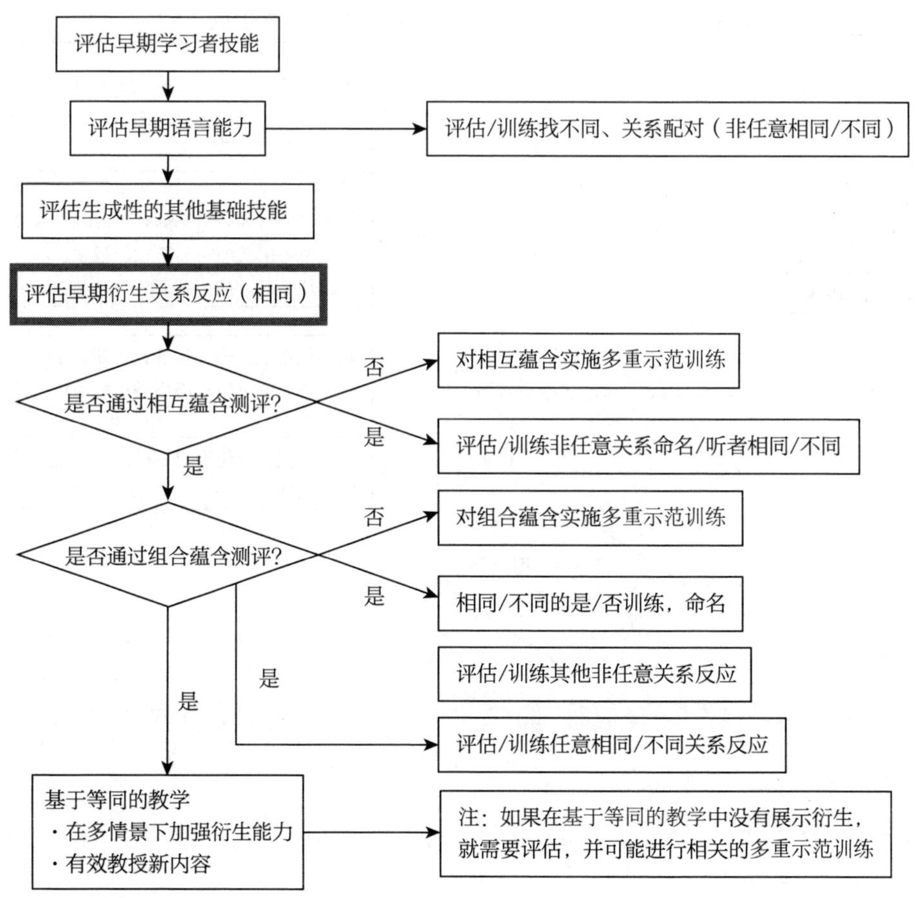

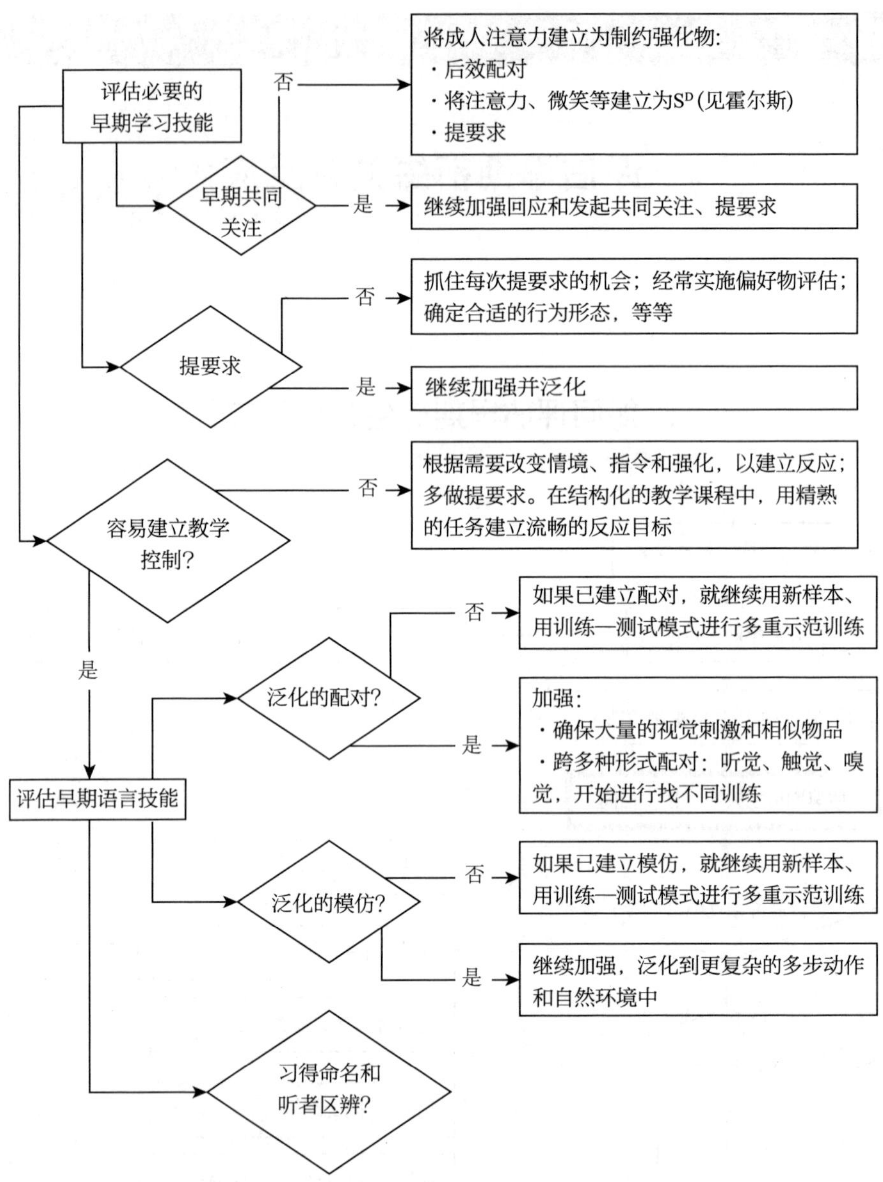
评估必要的早期学习技能
否
将成人注意力建立为制约强化物:
· 后效配对
· 将注意力、微笑等建立为S^D(见霍尔斯)
· 提要求
早期共同关注
是
继续加强回应和发起共同关注、提要求
否
抓住每次提要求的机会；经常实施偏好物评估；确定合适的行为形态，等等
提要求
是
继续加强并泛化
否
根据需要改变情境、指令和强化，以建立反应；多做提要求。在结构化的教学课程中，用精熟的任务建立流畅的反应目标
容易建立教学控制?
是
评估早期语言技能
否
如果已建立配对，就继续用新样本、用训练—测试模式进行多重示范训练
泛化的配对?
是
加强:
· 确保大量的视觉刺激和相似物品
· 跨多种形式配对：听觉、触觉、嗅觉，开始进行找不同训练
否
如果已建立模仿，就继续用新样本、用训练—测试模式进行多重示范训练
泛化的模仿?
是
继续加强，泛化到更复杂的多步动作和自然环境中
习得命名和听者区辨?

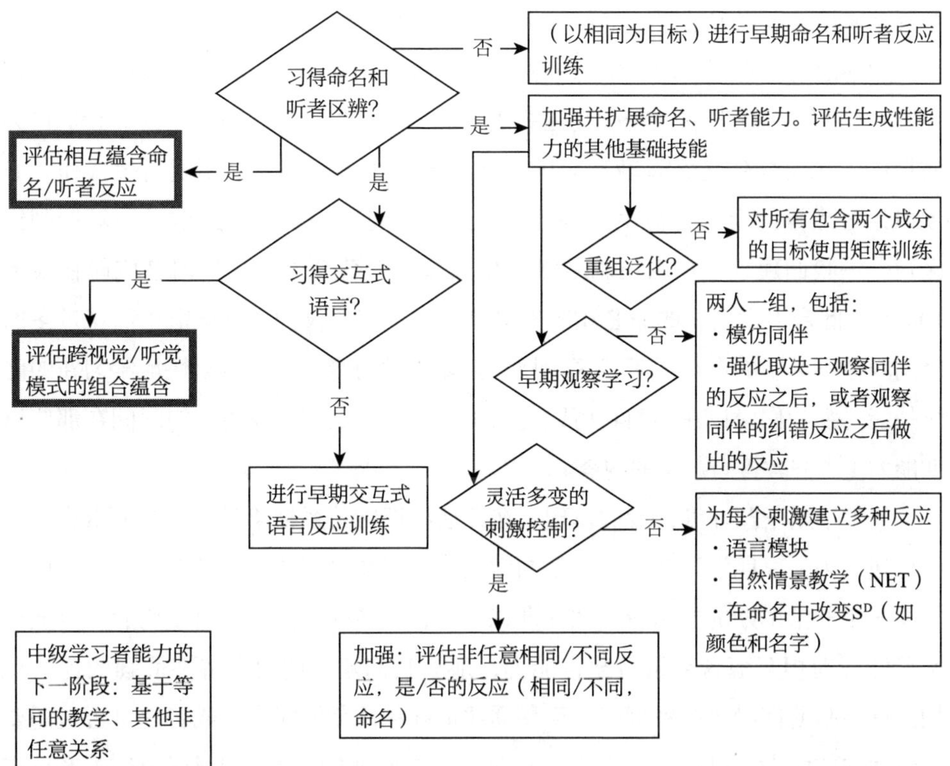


我们将在本章讨论如何评估学习者在相同框架中关系反应的当前能力。正如在第一章中提到的，作为情境控制的关系模式的一部分，关系框架技能有助于衍生新的或未经训练的关系。也就是说，我们可以把关系框架看作一个总体的关系反应模式，而特定衍生关系的出现则为这个模式提供了证据。例如，还是第一章里的例子，告诉孩子，声音“狐猴”（A）是图片上动物（B）的名字，（声音）“狐猴”（A）的文字是文字刺激“狐猴”（C），那么，根据语境线索（比如“是”这个字），孩子可能在关系上将所有三个刺激归为彼此相同。如果进行测试，那么实际的、经验证明的结果是，孩子会根据这一重要的相同模式，展示多个未经教导的刺激间的关系，如：将图片 B 与文字刺激 C 相匹配，反之亦然。因此，关系框架产生了衍生关系反应，反之，新关系的衍生既为关系框架提供了证据，也代表某些学习者可能缺乏这种生成性，因此我们希望提高这种生成性。我们将在本章开始讨论将衍生关系评估作为相同关系框架的证据。

如前面的流程图所示，学习者应该先习得一些早期学习和语言技能，特别是经过教导的命名、听者区辨和交互式语言能力。正如我们之前讨论的，我们认为斯金纳的语言操作要么是教出来的，要么是衍生出来的。为测试衍生操作，必须以经过教导的反应为衍生的基础，因此学习者应该相对快速地学习新的制约区辨——我们建议，在用新刺激测试相互或组合蕴含之前，学习者应能在最多10~25 个回合中学会新的命名和听者区辨。你不应该仅为了测试衍生而花过多的时间教授不必要的命名或听者区辨技能。如果学习者还不能那么快地学习新的区辨技能，那我们建议在学习者可以更快地习得技能之前，花更多的时间在那些早期能力上，并教授有意义的内容。

关于早期干预计划，我们发现，在评估和训练关系框架时，需要考量许多重要变量，因为早期学习者建立关系的学习历史可能没有或者非常有限。如果你在帮助一个非常早期的学习者，他在训练命名、听者或交互式语言反应后，可能有也可能没有相互蕴含或组合蕴含能力，那么我们建议使用支持性最强的评估计划。这会帮助你确定关系框架是否是需要加强和泛化的能力，或者它是否是需要初步建立的能力。过去几十年的研究发现，有多种因素会增加展现衍生关系反应（Derived Relational Responding，DRR）的可能性。这一资料为本章所述的早期衍生关系反应评估教学流程以及关系前兆和能力的培训和评估（TARPA）中使用的教学流程提供了许多决策参考。

## 支持衍生关系反应的要素

**听觉—视觉刺激**。更可能展现衍生关系反应的要素之一是使用听觉和视觉刺激，而不是单独使用视觉刺激[48]。在下面描述的教学流程中，我们使用听觉和视觉刺激来为衍生提供支持性最强的计划。我们还提供测试所有听觉（交互式语言）和所有视觉关系的选项，因为这些也是重要的衍生形态。

**与任务相关的指令**。使用与任务相关的指令也更可能展现衍生关系反应，至少在一定程度上是。因为与仅使用差别性强化程序相比，这样会使学习者更有可能在基线训练中获得必要的任意制约区辨[49]。在下述教学流程中，会在制约区辨训练中给出明确的指令，以支持基线制约区辨和之后的衍生关系反应的习得。指令与任务类型（如命名、听者、配对）和情境相关。

**训练设计的类型。**另一个可能的重要变量是用于建立基线制约区辨的训练设计的类型。一些证据表明（尽管证据混杂），这会影响习得区辨的速度和展现衍生关系反应的可能性（详见本主题的技术附录[50]）。此外，在命名 / 听者区辨训练后评估衍生交互式语言反应时，训练教学流程的选择决定了基线关系是按命名还是听者反应训练：给定两个听觉刺激（A 和 C）和一个视觉刺激（B），“多对一”训练设计需要训练听者反应（A—B，C—B），衍生出相互蕴含命名反应（B—A，B—C）和组合蕴含交互式语言反应（A—C）。“一对多”训练设计需要训练命名反应（B—A，B—C），衍生出相互蕴含听者反应（A—B，C—B）和组合蕴含交互式语言反应（A—C）。

**技术附录：基线训练设计**

“多对一”（也称为“将比较作为节点”，comparison as node）基线训练设计通常比“一对多”（“将样本作为节点”，sample as node）设计更容易产生符合刺激等同的反应（桑德斯，瓦赫特 & 斯普拉德林，1988；斯普拉德林 & 桑德斯，1986；巴恩斯，巴恩斯于 1992 年提过，1994；阿恩岑 & 瓦伊迪亚，2008）。巴恩斯（1994）认为，这种效果可能是由于在“多对一”训练设计中，被训练刺激功能的转移更多，从而产生了根据相同框架做出反应的情境线索，和 / 或在“多对一”训练设计中建立了更多的区辨功能。但阿恩岑和霍尔斯（2012）发现了与早期研究（包括上述研究）相反的模式：在他们的研究中，“一对多”设计带来了更好的训练和测试表现。在另一项研究中，斯梅茨和巴恩斯（2005）发现，“一对多”与“多对一”训练在表现上没有区别，这与之前的成果有冲突，也与阿恩岑和霍尔斯后来的发现不同。

**图 2.1 训练设计**

这使训练设计变得复杂。研究普遍表明，在相互蕴含的层面上，训练命名反应比反过来[51]更有可能产生衍生听者反应。有证据表明，在组合蕴含的层面上，命名训练比听者训练更容易产生衍生交互式语言反应[52]。同时也有证据表明，命名训练对于等同关系的出现来说并不是必要的[53]。

总的来说，我们建议，评估既要有训练命名和测试衍生听者反应，也要有训练听者反应和测试衍生命名反应；本章为这两种选择提供了教学流程（以及对所有视觉关系和所有交互式语言关系的测试）。我们还建议在组合蕴含测试之前测试相互蕴含反应。因此，无论使用哪种训练形式，学习者都会在基线关系训练 / 相互蕴含测试中产生命名和听者反应。这会支持命名所有的潜在促进作用，并提供相互蕴含测试（其本身已被证明支持组合蕴含，特别是在相同 / 等同框架中[54]）的额外支持。

**训练的关系数量。**训练的基线关系的数量也很重要。它的功能是评估多少个等同关系（如，A1—B1—C1 和 A2—B2—C2 是两个独立的三部分关系）以及每个关系包含多少个部分（如，A1—B1—C1 有 3 个部分，而 A2—B2—C2—D2 有 4 个部分）。训练的关系越多，就越需要制约区辨训练，而且有证据表明，训练的关系数量会影响制约区辨的难易程度和随后展现衍生关系反应的可能性[55]——训练的关系越少，训练就越容易，就越可能测试成功。研究表明[56]，在进行等同测试前，幼儿可能很难学习或记住两个以上的制约区辨关系，并且制约区辨任务要求的复杂性可能是参与者未能通过衍生关系反应测试的因素之一。我们也发现，很多学习者很难用三种比较习得和维持抽象刺激之间的新关系。但重要的是，要认识到，较少的关系也可能影响等同测试的有效性（见技术附录[57]）。考虑到所有这些因素，在本章的教学流程中，我们着重于训练和测试两个独立的三部分类组（A1—B1—C1 和 A2—B2—C2），同时使用严格的通过标准。

**技术附录：使用样本配对（MTS）形式测试等同时的比较数量**

有人认为，在等同测试中仅使用两组关系可能不会产生有效的结果（西德曼，1987；卡里根 & 西德曼，1992）。而且，使用较少的训练关系会增加因猜测而通过测试的可能性，然后保持一致的反应。鉴于传统**样本配对**的原理和形式，控制这种可能性需要建立至少三个等同关系。同时，博伦斯（2002）认为，可以通过包括多个衍生测试和所有衍生测试严格标准等程序，来相对容易地克服使用两个比较测试的技术缺陷。

**刺激类型**。评估衍生关系反应的教学流程通常采用样本配对形式的高度抽象刺激。在对有语言能力的人进行研究时，这是训练和测试衍生关系的标准做法，这样做可以排除被试者已经熟悉至少一部分推衍关系的可能性，因此可以对其推衍能力进行有效可靠的评估。但我们发现，许多孤独症儿童在常规的教育活动中明显能快速学习命名、听者、交互式语言反应，但在常规的样本配对形式下，却很难接受抽象刺激，有时甚至无法习得基线关系或在无强化环境中维持[58]。

许多研究发现，精熟的或可命名的（真实物品的图片或精熟的形状）视觉刺激[59]，或在已存在或教授区辨功能上“有意义”的视觉刺激[60]，以及押韵[61]或可发音[62]的听觉刺激，都更可能产生衍生关系反应。但有人发现，精熟的刺激对于等同关系的衍生[63]有抑制作用。

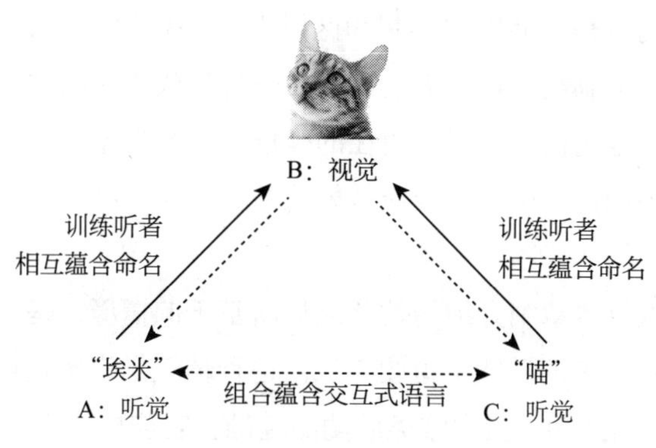


**图 2.2　动物名字情境**

在本章介绍的教学流程中，我们建议对早期学习者使用现实生活中熟悉的刺激，但要确保衍生的关系是新的。不过，如果你想在学习者用熟悉的刺激通过测试时测试他们能力的强度和泛化，也可以用同样的方法，但要用更抽象的刺激或刺激组合。本章末尾提供了刺激样本。

**关系前兆和能力的培训和评估中的刺激类型**

对于跨视觉或听觉模式的训练与测试，关系前兆和能力的培训和评估提供了三种不同类型的刺激：

· 黑白抽象线条图和无意义的音节

· 彩色抽象图和无意义的音节

· 现实生活中的图片和常见的词语

**情境**。关系框架理论提出，是儿童早期学习环境中自然发生的多重示范训练让他们产生关系框架技能。在儿童的自然语言学习环境中，也可以看到上述许多有利于展现衍生关系反应的因素：在看护人与孩子的口头互动中，听觉刺激是自然存在的；会反复遇到熟悉的、可命名的、可发音的和“有意义的”刺激；看护人自然地明确他们的期望和指令。显然，在这种情况下，在评估过程中也会看到关系框架的首次展现，而且有证据表明，评估中使用的情境会或多或少地使具有早期关系框架技能的儿童展现可能无法检测到的技能[64]。其实，尽管一般发展儿童在自然语言学习过程中能够习得制约区辨[65]，但在不熟悉的语言情境下，他们可能也很难习得任意制约区辨。因此，需要一种替代传统的抽象和不熟悉的评估教学流程，以更好地捕捉这个群体潜在的脆弱的关系框架技能，同时确保有一种有效可靠的方法来确定学生关系反应技能的整体情况，特别是衍生命名、听者和交互式语言反应。

我们建议的以及本章中介绍的教学流程所基于的情境，是一个将动物与它们的名字和叫声联系起来的游戏（见图 2.2）。这种情境是许多儿童歌曲、游戏、手机应用程序以及幼儿 / 幼儿园中常见活动的基础。它被推荐用于幼儿语言发展[66]，在早期密集行为干预（EIBI）计划中也很常见。在一些早期研究相同框架出现的实证工作中，成功地用这种情境记录了关系框架的出现，包括一位低龄的一般发展儿童展现了相互和组合蕴含衍生关系[67]。其实，学习动物的名字和叫声可能是儿童发展衍生等同反应的第一个机会。就像之前提到的，使用精熟的刺激时，确保要衍生的关系是新的仍然很重要。为此，我们的教学流程使用“宠物”的常见“名字”。

## 如何评估早期衍生关系反应以及下一步的工作

在接下来的教学流程中，所有评估均使用指定的 A1—B1—C1/A2—B2—C2 刺激“组”进行。对于所有语言操作评估（训练和衍生命名、听者、交互式语言反应），A 是动物的“名字”（宠物名字——鲍勃、苏等），B 是动物本身（图片，如果是交互式语言训练则是动物种类，如狮子），C 是动物的叫声，安排如下：

· 教授命名 / 衍生听者 / 衍生交互式语言
· 教授听者 / 衍生命名 / 衍生交互式语言
· 教授交互式语言 / 衍生交互式语言逆转 / 衍生交互式语言

**用关系前兆和能力的培训和评估评估衍生关系反应**

关系前兆和能力的培训和评估提供了听觉、视觉—听觉和视觉感官形式的衍生关系反应评估，从制约区辨开始，然后进行相互蕴含、组合蕴含和功能转换的测试。这是基于计算机的测试，可以将包括选择听觉刺激在内的反应视为基于选择的命名和基于选择的交互式语言反应。在评估基于选择的反应与形态反应时，需要考虑许多因素，但关系前兆和能力的培训和评估可以提供非常有效的自动数据收集评估程序，它也可以用于无语言的学习者。关系前兆和能力的培训和评估的设计考虑到了前面描述的所有支持因素，可以用现实生活中的或抽象的刺激来评估衍生关系反应。这里描述的关系前兆和能力的培训和评估桌面程序也采用了同样的流程。

我们还制定了测试视觉—视觉关系衍生的教学流程（如视觉关联配对中所示），这有助于更全面地评估学习者的关系框架技能，也适用于无语言的学习者。对于视觉关系评估，情境是动物生活在某些地方、喜欢某种食物的故事。对于这些刺激组，A 是地点的图片，B 是动物的图片，C 是食物的图片。

评估了相互蕴含或组合蕴含，或两者都评估了之后，再回到流程图，看建立和/或加强关系框架技能的下一步（在所有情况下，都应继续加强早期语言技能和衍生语言的其他基础能力）。首先，如果学生没有通过衍生关系反应测试，那么下一步就是进行多重示范训练（MET），重点是建立关系框架的初始能力。如果学生没有通过相互蕴含测试（衍生命名、衍生听者或都没有），那现在应该看下一章，了解如何对衍生命名/听者技能（也称为双向赋名，naming）进行多重示范训练。如果学生通过了相互蕴含测试，但没有通过组合蕴含测试，你也可以在下一章了解组合蕴含的多重示范训练。

如果学生通过了衍生关系反应在组合蕴含层面的测试，那就可以采取多种途径。可以进行基于等同的教学（EBT），以更有效地教授新内容，如第四章所述。可能你还希望进一步评估，以确定学习者关系框架技能的衍生程度。这时可以使用抽象刺激重复进行衍生关系反应测试（见本章末尾刺激组中的示例）——可以像用更熟悉的动物一样，在动物/名字/叫声游戏的相同情境下做测试，或用更中性的情境进行测试。这时，用“它是这种叫声”或“它是什么叫声？”的指令，而不是说出名字和叫声。能够通过这些更抽象的测试的学习者，可能有相当强的关系框架技能，应该能够在许多情境下衍生出相同（等同）关系。

对于通过了相同框架衍生关系反应测试的学习者，还可以开始评估和训练其他关系反应能力，包括非任意、任意相同/不同和相关早期能力（如排除和关于是/否的反应），以及相反、比较和空间关系。这些能力会在以后的书中讨论。

# 早期衍生关系反应评估教学流程

## 教学常规流程

**训练**：所有的训练都应使用标准的离散单元和纠错程序，或是已确定为适合学生且有效的程序。应按照已确定对学生有效的计划表提供强化，并根据需要，穿插其他精熟的回合，以保持其成功率和动机。但是，与其他类型训练中进行的操作不同，教师必须注意，不要训练即将测试的技能，例如在强化过程中无意间给出与任务相关的具体反馈、扩展或其他叙述。确保这一点最简单的方法是，仔细按照教学教案来呈现 $S^D$，并且在强化过程中只使用一般性表扬（如“真棒！”“加油！”等）。纠错时，在反应之后稍等一下，然后再重新呈现回合，给予辅助。

**测试**：测试时，不提供具体的后效强化或反馈，但可以用非后效强化来保持动机和对任务的关注。如果需要，最好在目标反应之稍等一下再提供强化（如，在设置下一回合时，用诸如“你很努力”之类的表扬），或者在测试中穿插其他精熟的回合，并强化这些反应。

**建议：用动物 / 叫声进行交互式语言反应**

一些学生在回答关于“谁发出了什么声音”的问题时，会说出对应动物的种类，而不是名称。如果是这种情况，即使你使用了类似“我的宠物中，哪一个发出……的声音”的区辨刺激（$S^D$），并且学生在询问所指定动物发出什么声音的问题时是正确的，那么你可以先列出两个名字，然后提供区辨刺激，确保你随机排列名称的顺序和正确的选项。例如，你可以说：“我的宠物中，哪一个会发出‘喵喵’的叫声，弗雷德还是乔？”如果学生开始正确回答（没有反馈），那就应该做些先不说动物名字的额外回合。还可以训练使用动物叫声之外的第二种关系，即每个动物喜欢什么食物（就用类似视觉关系测试的刺激），但这需要额外的制约区辨训练，因此可能更加困难。另一个选择（可能更容易）是用动物的种类（如“猫”）作为 C 刺激，但学生更有可能在命名动物的同时命名动物的名字，从而无意中训练了“动物—名字”的关系。

**数据收集**：填写目标刺激关系。每个回合圈出正确 / 不正确；从左到右、从上到下记分，出现错误后换到下一训练块，根据需要换行，重新计算直到出现连续 6 个正确反应。纠错程序中的回合不计分。在第一行填写课程日期。累计出现 6 个错误、总共完成 25 个回合或达到该步骤的通过标准后结束课程，或根据学生动机结束课程。在每节课结束时，标记通过标准的测试（如果达到通过的标准）。

## 教学流程：教授命名 / 衍生听者反应（相互蕴含）

介绍：你有一些宠物，你要教学生宠物的名字。像介绍其他新命名一样介绍这些命名，但在介绍时不要说动物的种类。可以这样说："这是我的宠物，它的名字叫杰克。"

**步骤 1.1** 教命名（B—A）：根据需要提供强化和纠错。

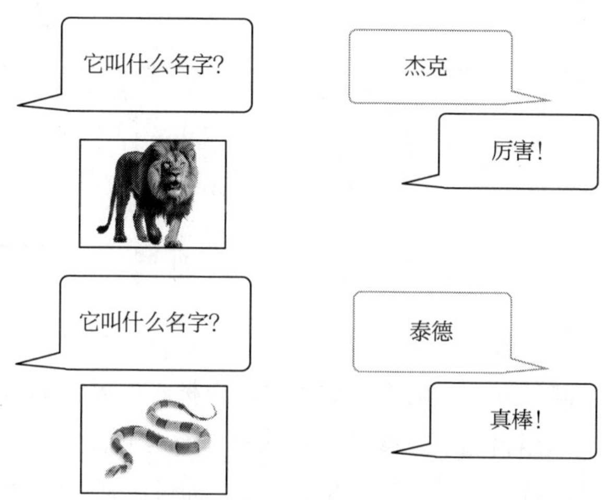


| 日期 | 训练 B1 → A1<br>命名杰克 | | | | | | | | 训练 B2 → A2<br>命名泰德 | | | | | | | | 测试 A1 → B1：<br>听者反应 杰克 | | 测试 A2 → B2：<br>听者反应 泰德 | |
|---|---|---|---|---|---|---|---|---|---|---|---|---|---|---|---|---|---|---|---|---|
| | ⊕<br>− | +<br>− | +<br>− | | +<br>− | +<br>− | +<br>− | | ⊕<br>− | +<br>− | +<br>− | | +<br>− | +<br>− | +<br>− | | +<br>− | +<br>− | +<br>− | +<br>− |
| | +<br>− | +<br>− | +<br>− | | +<br>− | +<br>− | +<br>− | | +<br>− | +<br>− | +<br>− | | +<br>− | +<br>− | +<br>− | | +<br>− | | +<br>− | |

继续根据需要进行纠错。出现错误时，就换到表中下一训练块的 3 个回合——每行达到 3 个正确反应，就达到了连续 6 个正确反应的标准。

**步骤 1.2** 确保在不连续强化下维持命名：继续快速呈现回合，不给反馈。

**步骤 1.3** 测衍生听者反应（A—B）：不提供反馈 / 具体强化。

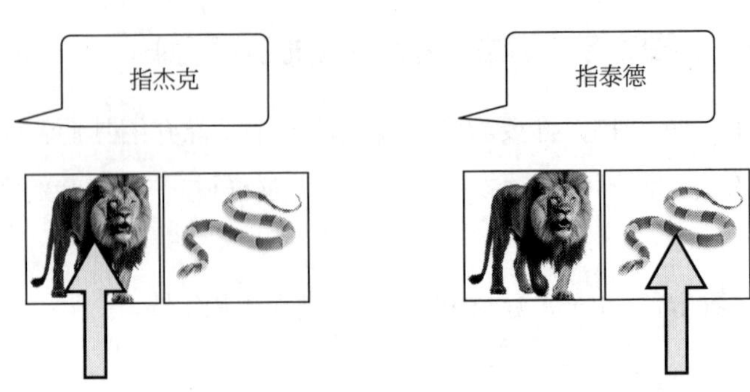


| 日期 | 训练 B1 → A1<br>命名杰克 | | | | | | | | 训练 B2 → A2<br>命名泰德 | | | | | | | | 测试 A1 → B1：<br>听者反应　杰克 | | 测试 A2 → B2：<br>听者反应　泰德 | |
|---|---|---|---|---|---|---|---|---|---|---|---|---|---|---|---|---|---|---|---|---|
| | ⊕<br>− | +<br>⊖ | +<br>− | | ⊕<br>− | ⊕<br>− | ⊕<br>− | | ⊕<br>− | ⊕<br>− | +<br>− | | ⊕<br>− | ⊕<br>− | +<br>⊖ | | ⊕<br>− | +<br>− | ⊕<br>− | +<br>− |
| | ⊕<br>− | ⊕<br>− | ⊕<br>− | | +<br>− | +<br>− | +<br>− | | ⊕<br>− | ⊕<br>− | ⊕<br>− | | +<br>− | +<br>− | +<br>− | | +<br>− | | +<br>− | |

一共进行 6 个测试回合，随机摆放刺激和目标。如果学生通过（5/6），则可以继续下一步，测试组合蕴含，或者用其他教学流程测试衍生命名 / 衍生交互式语言 / 衍生视觉关系的相互蕴含。如果学生没有通过，则返回训练与维持，再测试一次。

## 教学流程：教授命名 / 衍生交互式语言（组合蕴含）

学生用宠物的名字展现了相互蕴含时，就继续测试组合蕴含，方法如下：

**步骤 2.1**　复习新学的和以前就会的命名（B—A、B—C）：根据需要提供强化和纠错（见下面的注）。

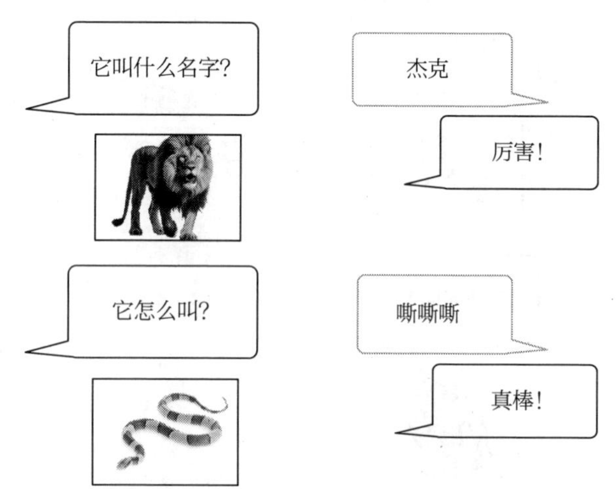


| 日期 | 复习 B1 → A1<br>命名杰克 | | | | 复习 B1 → C1<br>它的叫声（吼叫） | | | | 复习 B2 → A2<br>命名泰德 | | | | 复习 B2 → C2<br>它的叫声（嘶嘶叫） | | | | | | | |
|---|---|---|---|---|---|---|---|---|---|---|---|---|---|---|---|---|---|---|---|---|
| | ⊕<br>− | +<br>− | +<br>− | | +<br>− | +<br>− | +<br>− | | +<br>− | +<br>− | +<br>− | | ⊕<br>− | +<br>− | +<br>− | | | | | |
| | +<br>− | +<br>− | +<br>− | | +<br>− | +<br>− | +<br>− | | +<br>− | +<br>− | +<br>− | | +<br>− | +<br>− | +<br>− | | | | | |
| | +<br>− | +<br>− | +<br>− | | +<br>− | +<br>− | +<br>− | | +<br>− | +<br>− | +<br>− | | +<br>− | +<br>− | +<br>− | | | | | |
| | +<br>− | +<br>− | +<br>− | | +<br>− | +<br>− | +<br>− | | +<br>− | +<br>− | +<br>− | | +<br>− | +<br>− | +<br>− | | | | | |

继续根据需要进行纠错。出现错误时，就换到表中下一训练块的 3 个回合——每行达到 3 个正确反应，就达到了连续 12 个正确反应的标准。

**注**：开始复习时，如果学生看上去似乎能够维持这些命名，或者在成功通过

相互蕴含测试后立即进行，那就不必完成所有 12 个训练回合：可以直接进行维持回合，仅在学生没有通过维持时返回训练。

**步骤 2.2** 确保在不连续强化下维持命名：继续快速呈现回合，不给反馈。

**步骤 2.3** 测衍生交互式语言反应（A—C/C—A）：不提供反馈 / 具体强化。

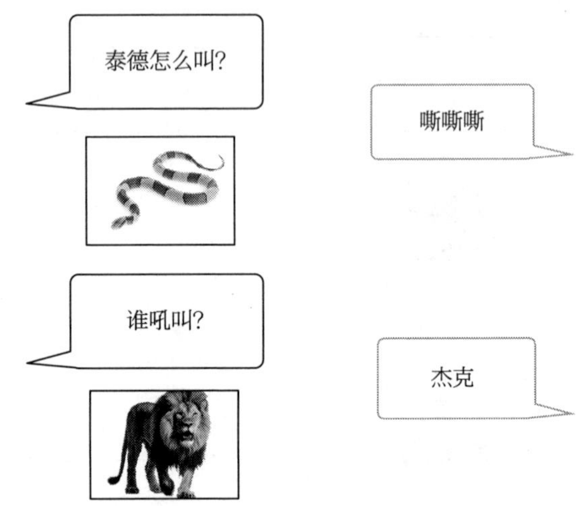


| 日期 | 维持 B1 → A1 命名杰克 | | | 维持 B1 → C1 它的叫声（吼叫） | | | 维持 B2 → A2 命名泰德 | | | 维持 B2 → C2 它的叫声（嘶嘶叫） | | | 测试 AC1 杰克怎么叫? | 测试 AC2 谁吼叫? | 测试 CA1 泰德怎么叫? | 测试 CA2 谁嘶嘶叫? |
|---|---|---|---|---|---|---|---|---|---|---|---|---|---|---|---|---|
| | ⊕<br>– | ⊕<br>– | | ⊕<br>– | ⊕<br>– | | ⊕<br>– | ⊕<br>– | | ⊕<br>– | ⊕<br>– | | +<br>– | ⊕<br>– | ⊕<br>– | +<br>– |
| | +<br>– | +<br>– | | +<br>– | +<br>– | | +<br>– | +<br>– | | +<br>– | +<br>– | | +<br>– | +<br>– | +<br>– | +<br>– |
| | +<br>– | +<br>– | | +<br>– | +<br>– | | +<br>– | +<br>– | | +<br>– | +<br>– | | +<br>– | +<br>– | +<br>– | +<br>– |
| | +<br>– | +<br>– | | +<br>– | +<br>– | | +<br>– | +<br>– | | +<br>– | +<br>– | | +<br>– | +<br>– | +<br>– | +<br>– |

一共进行 8 个测试回合，随机呈现目标。如果学生通过（7/8），则测试完成。如果学生没有通过，则返回训练与维持，再测试一次。

## 教学流程：教授听者反应 / 衍生命名（相互蕴含）

**介绍**：你有一些宠物，你要教学生宠物的名字。为确保只训练听者反应，介绍时不要分别命名它们，保持“先说名字，然后看图片”的训练方向——首先把图片放在桌子上，然后说“苏是它的名字”（先说出名字，后指向图片）。

**步骤 1.1**　教授听者反应（A—B）：根据需要提供强化和纠错。

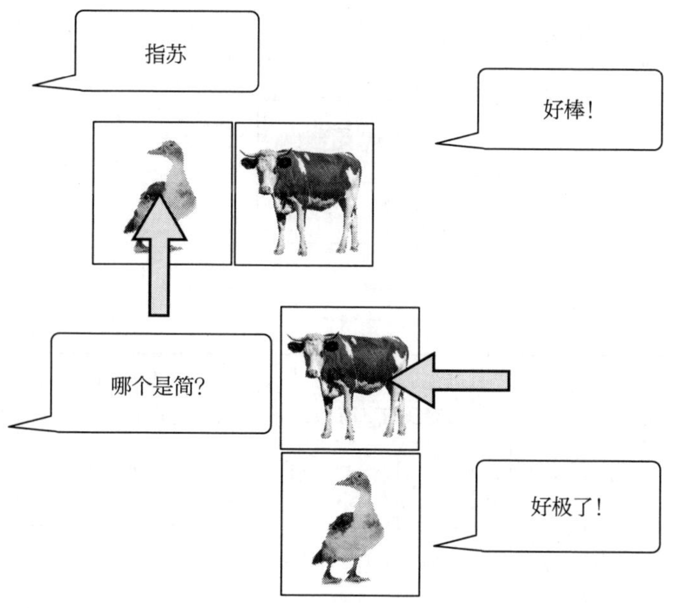


| 日期 | 训练 A1 → B1<br>听者反应　苏 | | | | | | | | 训练 A2 → B2<br>听者反应　简 | | | | | | | | 测试 B1 → A1：<br>命名苏 | | 测试 B2 → A2：<br>命名简 | |
|---|---|---|---|---|---|---|---|---|---|---|---|---|---|---|---|---|---|---|---|---|
| | ⊕<br>− | +<br>− | +<br>− | | +<br>− | +<br>− | +<br>− | | ⊕<br>− | +<br>− | +<br>− | | +<br>− | +<br>− | +<br>− | | +<br>− | +<br>− | +<br>− | +<br>− |
| | +<br>− | +<br>− | +<br>− | | +<br>− | +<br>− | +<br>− | | +<br>− | +<br>− | +<br>− | | +<br>− | +<br>− | +<br>− | | +<br>− | | +<br>− | |

继续根据需要进行纠错。出现错误时，就换到表中下一训练块的 3 个回合——每行达到 3 个正确反应，就达到了连续 6 个正确反应的标准。

**步骤 1.2** 确保在不连续强化下维持听者反应：继续快速呈现回合，不给反馈。

**步骤 1.3** 测衍生命名反应（B—A）：不提供反馈 / 具体强化。

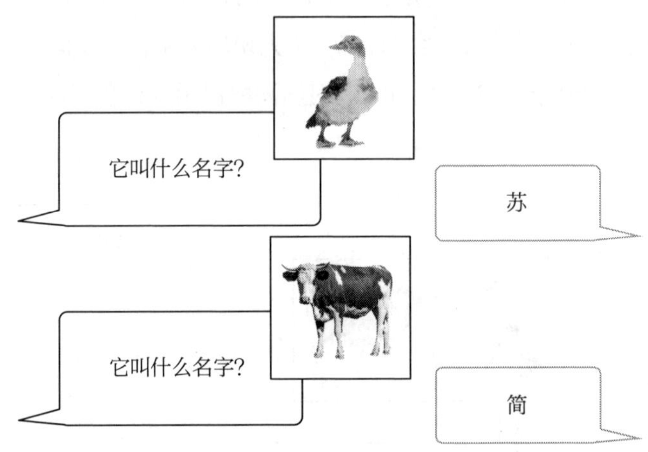


| 日期 | 训练 A1 → B1<br>听者反应　苏 | | | | | | | | 训练 A2 → B2<br>听者反应　简 | | | | | | | | 测试 B1 → A1：<br>命名苏 | | 测试 B2 → A2：<br>命名简 | |
|---|---|---|---|---|---|---|---|---|---|---|---|---|---|---|---|---|---|---|---|---|
| | ⊕<br>− | ⊕<br>− | +<br>− | | ⊕<br>− | ⊕<br>− | +<br>⊖ | | ⊕<br>− | +<br>⊖ | +<br>− | | ⊕<br>− | ⊕<br>− | ⊕<br>− | | ⊕<br>− | +<br>− | ⊕<br>− | +<br>− |
| | ⊕<br>− | ⊕<br>− | ⊕<br>− | | +<br>− | +<br>− | +<br>− | | ⊕<br>− | ⊕<br>− | ⊕<br>− | | +<br>− | +<br>− | +<br>− | | +<br>− | | +<br>− | |

一共进行 6 个测试回合，随机呈现目标。如果学生通过（5/6），则可以继续下一步，测试组合蕴含，或者用其他教学流程测试衍生听者 / 衍生交互式语言 / 衍生视觉关系的相互蕴含。如果学生没有通过，则返回训练与维持，再测试一次。

## 教学流程：教授听者反应 / 衍生交互式语言（组合蕴含）

当学生用宠物的名字展现了相互蕴含时，就继续测试组合蕴含，方法如下：

**步骤 2.1** 复习新学的和以前就会的听者反应（A—B、C—B）：根据需要提供强化和纠错（见下面的注）。

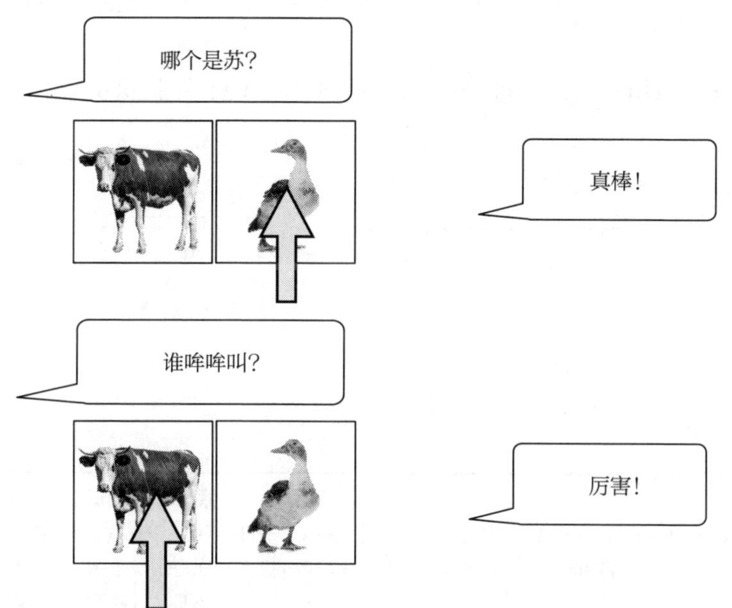


| 日期 | 复习 A1 → B1<br>指苏 | | | | 复习 C1 → B1<br>谁嘎嘎叫? | | | | 复习 A2 → B2<br>指简 | | | | 复习 C2 → B2<br>谁哞哞叫? | | | | | | | |
|---|---|---|---|---|---|---|---|---|---|---|---|---|---|---|---|---|---|---|---|---|
| | (+)<br>– | +<br>– | +<br>– | | +<br>– | +<br>– | +<br>– | | +<br>– | +<br>– | +<br>– | | (+)<br>– | +<br>– | +<br>– | | | | | |
| | +<br>– | +<br>– | +<br>– | | +<br>– | +<br>– | +<br>– | | +<br>– | +<br>– | +<br>– | | +<br>– | +<br>– | +<br>– | | | | | |
| | +<br>– | +<br>– | +<br>– | | +<br>– | +<br>– | +<br>– | | +<br>– | +<br>– | +<br>– | | +<br>– | +<br>– | +<br>– | | | | | |
| | +<br>– | +<br>– | +<br>– | | +<br>– | +<br>– | +<br>– | | +<br>– | +<br>– | +<br>– | | +<br>– | +<br>– | +<br>– | | | | | |

继续根据需要进行纠错。出现错误时，就换到表中下一训练块的 3 个回

合——每行达到 3 个正确反应，就达到了连续 12 个正确反应的标准。

**注**：开始复习时，如果学生看上去似乎能够维持这些听者反应，或者在成功通过相互蕴含测试后立即进行，那就不必完成所有 12 个训练回合：可以直接进行维持回合，仅在学生没有通过维持测试时返回训练。

**步骤 2.2** 确保在不连续强化下维持听者反应：继续快速呈现回合，不给反馈。

**步骤 2.3** 测衍生交互式语言反应（A—C/C—A）：不提供反馈 / 具体强化。

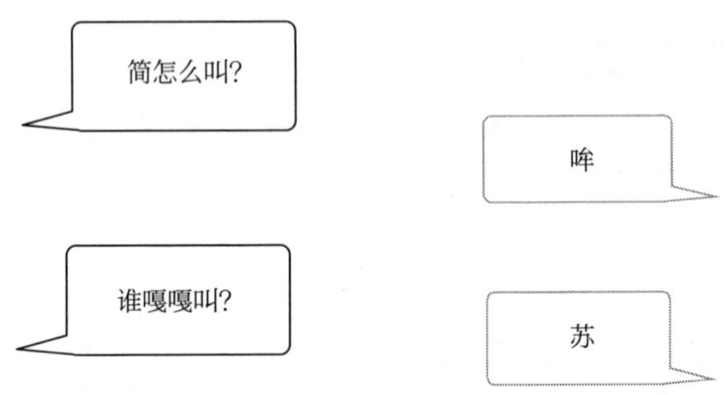


| 日期 | 维持 A1 → B1<br>听者反应　苏 | | | 维持 C1 → B1<br>谁嘎嘎叫? | | | 维持 A2 → B2<br>听者反应　简 | | | 维持 C2 → B2<br>谁哞哞叫? | | | 测试<br>AC1<br>苏怎么叫? | 测试<br>AC2<br>谁嘎嘎叫? | 测试<br>CA1<br>简怎么叫? | 测试<br>CA2<br>谁哞哞叫? |
|---|---|---|---|---|---|---|---|---|---|---|---|---|---|---|---|---|
| | +<br>⊖ | +<br>⊖ | | +<br>⊖ | +<br>⊖ | | +<br>⊖ | +<br>⊖ | | +<br>⊖ | +<br>⊖ | | +<br>– | +<br>⊖ | +<br>⊖ | +<br>– |
| | +<br>– | +<br>– | | +<br>– | +<br>– | | +<br>– | +<br>– | | +<br>– | +<br>– | | +<br>– | +<br>– | +<br>– | +<br>– |
| | +<br>– | +<br>– | | +<br>– | +<br>– | | +<br>– | +<br>– | | +<br>– | +<br>– | | +<br>– | +<br>– | +<br>– | +<br>– |
| | +<br>– | +<br>– | | +<br>– | +<br>– | | +<br>– | +<br>– | | +<br>– | +<br>– | | +<br>– | +<br>– | +<br>– | +<br>– |

一共进行 8 个测试回合，随机呈现目标。如果学生通过（7/8），则测试完成。如果学生没有通过，则返回训练与维持，再测试一次。

## 教学流程：教授交互式语言 / 衍生交互式语言（相互蕴含）

**介绍**：你有一些宠物，你要教学生宠物的名字。确保只在训练方向上陈述交互式语言，先陈述名字，然后是动物种类。例如“我的宠物弗雷德是一只狗，我的宠物乔是一只猫”。也可以使用填空（弗雷德是……）或 wh 问题（弗雷德是哪种动物？）；一定要指出哪个名字是哪一个宠物的。用不同的刺激组测试这两个问题。

**步骤 1.1**　教授交互式语言（A—B）：根据需要提供强化和纠错。

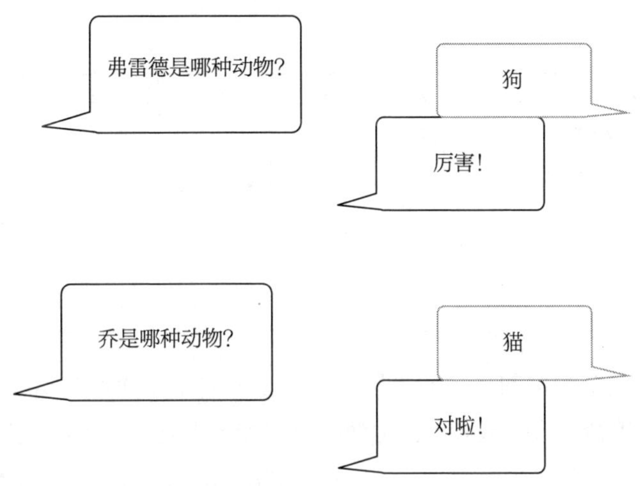


| 日期 | 训练 A1 → B1<br>弗雷德是哪种动物? | | | | | | | | 训练 A2 → B2<br>乔是哪种动物? | | | | | | | | 测试 B1 → A1:<br>狗的名字是? | | 测试 B2 → A2:<br>猫的名字是? | |
|---|---|---|---|---|---|---|---|---|---|---|---|---|---|---|---|---|---|---|---|---|
| | ⊕<br>− | +<br>− | +<br>− | | +<br>− | +<br>− | +<br>− | | ⊕<br>− | +<br>− | +<br>− | | +<br>− | +<br>− | +<br>− | | +<br>− | +<br>− | +<br>− | +<br>− |
| | +<br>− | +<br>− | +<br>− | | +<br>− | +<br>− | +<br>− | | +<br>− | +<br>− | +<br>− | | +<br>− | +<br>− | +<br>− | | +<br>− | | +<br>− | |

继续根据需要进行纠错。出现错误时，就换到表中下一训练块的 3 个回合——每行达到 3 个正确反应，就达到了连续 6 个正确反应的标准。

**步骤 1.2**　确保在不连续强化下维持交互式语言：继续快速呈现回合，不给反馈。

**步骤 1.3** 测试逆转交互式语言反应（B—A）：不提供反馈 / 具体强化。

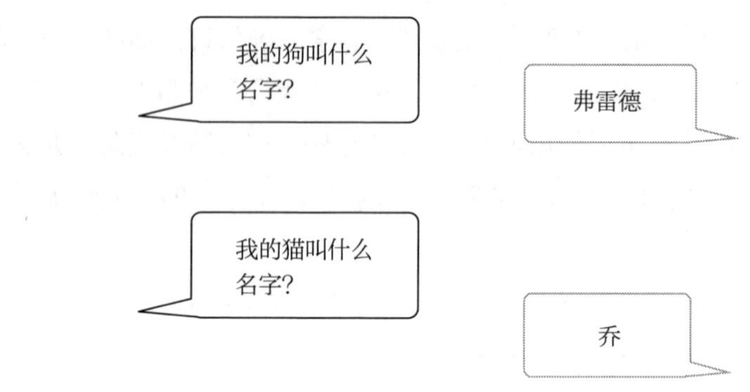


| 日期 | 训练 A1 → B1<br>弗雷德是哪种动物？ | | | | | | | | 训练 A2 → B2<br>乔是哪种动物？ | | | | | | | | 测试 B1 → A1：<br>狗的名字是？ | | 测试 B2 → A2：<br>猫的名字是？ | |
|---|---|---|---|---|---|---|---|---|---|---|---|---|---|---|---|---|---|---|---|---|
| | ⊕<br>− | ⊕<br>− | +<br>− | | ⊕<br>− | ⊕<br>− | +<br>⊖ | | ⊕<br>− | +<br>⊖ | +<br>− | | ⊕<br>− | ⊕<br>− | +<br>− | | ⊕<br>− | +<br>− | ⊕<br>− | +<br>− |
| | ⊕<br>− | ⊕<br>− | ⊕<br>− | | +<br>− | +<br>− | +<br>− | | ⊕<br>− | ⊕<br>− | ⊕<br>− | | +<br>− | +<br>− | +<br>− | | +<br>− | | +<br>− | |

一共进行 6 个测试回合，随机呈现目标。如果学生通过（5/6），则可以继续下一步，测试组合蕴含，或者用其他教学流程测衍生听者 / 衍生命名 / 衍生视觉关系的相互蕴含。如果学生没有通过，则返回训练与维持，再测试一次。

## 教学流程：教授交互式语言 / 衍生交互式语言（组合蕴含）

学生用宠物的名字展现了相互蕴含时，就继续测试组合蕴含，方法如下：

**步骤 2.1**　复习新学的和以前就会的交互式语言（A—B、C—B）：根据需要提供强化和纠错（见下面的注）。

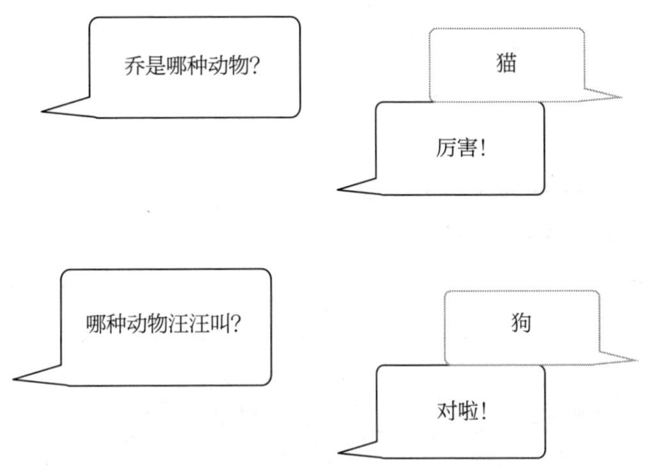


| 日期 | 复习 A1 → B1<br>弗雷德是哪种动物? | | | | 复习 C1 → B1<br>哪种动物汪汪叫? | | | | 复习 A2 → B2<br>乔是哪种动物? | | | | 复习 C2 → B2<br>哪种动物喵喵叫? | | | | | | | |
|---|---|---|---|---|---|---|---|---|---|---|---|---|---|---|---|---|---|---|---|---|
| | + − | + − | + − | | ⊕ − | + − | + − | | ⊕ − | + − | + − | | + − | + − | + − | | | | | |
| | + − | + − | + − | | + − | + − | + − | | + − | + − | + − | | + − | + − | + − | | | | | |
| | + − | + − | + − | | + − | + − | + − | | + − | + − | + − | | + − | + − | + − | | | | | |
| | + − | + − | + − | | + − | + − | + − | | + − | + − | + − | | + − | + − | + − | | | | | |

继续根据需要进行纠错。出现错误时，就换到表中下一训练块的 3 个回合——每行达到 3 个正确，就达到了连续 12 个正确反应的标准。

**注**：开始复习时，如果学生看上去似乎能够维持这些交互式语言，或者在成功通过相互蕴含测试后立即进行，那就不必完成所有 12 个训练回合：可以直接进

入维持回合，仅在学生没有通过维持测试时返回训练。

**步骤 2.2** 确保在不连续强化下维持训练过的交互式语言：继续快速呈现回合，不给反馈。

**步骤 2.3** 测衍生交互式语言反应（A—C/C—A）：不提供反馈 / 具体强化。

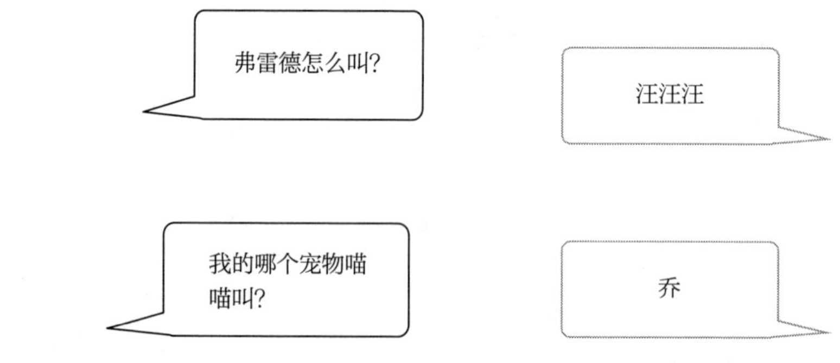


| 日期 | 维持 A1 → B1 弗雷德是哪种动物? | | | 维持 C1 → B1 哪种动物汪汪叫? | | | 维持 A2 → B2 乔是哪种动物? | | | 维持 C2 → B2 哪种动物喵喵叫? | | | 测试 AC1 弗雷德怎么叫? | 测试 AC2 谁汪汪叫? | 测试 CA1 乔怎么叫? | 测试 CA2 谁喵喵叫? |
|---|---|---|---|---|---|---|---|---|---|---|---|---|---|---|---|---|
| | ⊕<br>− | ⊕<br>− | | ⊕<br>− | ⊕<br>− | | ⊕<br>− | ⊕<br>− | | ⊕<br>− | ⊕<br>− | | ⊕<br>− | +<br>− | +<br>− | ⊕<br>− |
| | +<br>− | +<br>− | | +<br>− | +<br>− | | +<br>− | +<br>− | | +<br>− | +<br>− | | +<br>− | +<br>− | +<br>− | +<br>− |
| | +<br>− | +<br>− | | +<br>− | +<br>− | | +<br>− | +<br>− | | +<br>− | +<br>− | | +<br>− | +<br>− | +<br>− | +<br>− |
| | +<br>− | +<br>− | | +<br>− | +<br>− | | +<br>− | +<br>− | | +<br>− | +<br>− | | +<br>− | +<br>− | +<br>− | +<br>− |

一共进行 8 个测试回合，随机呈现目标。如果学生通过（7/8），则测试完成。如果学生没有通过，则返回训练与维持，再测试一次。

## 教学流程：教授视觉关系 / 测试衍生关系（相互蕴含）

**介绍**：讲一讲动物们的故事，说一说它们住在哪里、喜欢吃什么，可以当“好笑的故事”来讲，让它有趣、有吸引力。在提供语言情境时，先陈述房子或食物方向的关系，然后是动物，如“这个公寓是狗居住的”。

**步骤 1.1**　教授第一种视觉关系，A—B：根据需要提供强化和纠错。

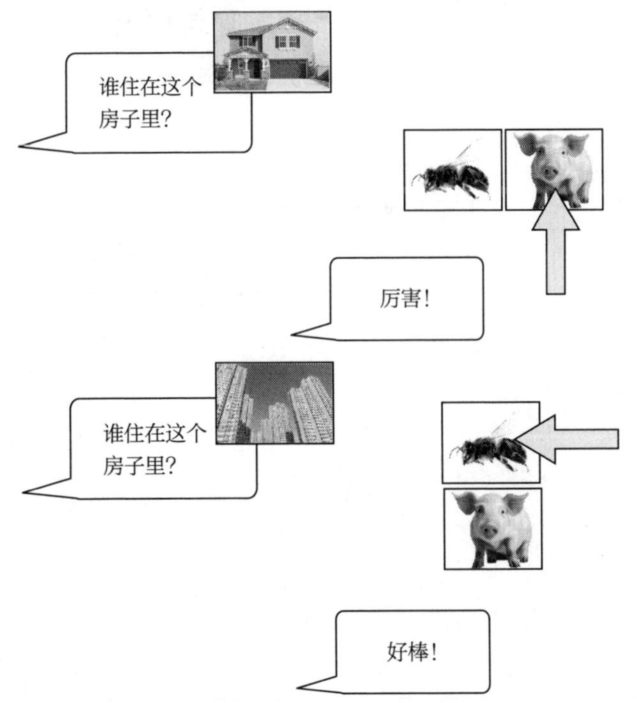


| 日期 | 训练 A1 → B1<br>公寓—猪 | | | | | | | | 训练 A2 → B2<br>高楼—蜜蜂 | | | | | | | | 测试 B1 → A1：<br>猪—公寓 | | 测试 B2 → A2：<br>蜜蜂—高楼 | |
|---|---|---|---|---|---|---|---|---|---|---|---|---|---|---|---|---|---|---|---|---|
| | ⊕<br>− | +<br>− | +<br>− | | +<br>− | +<br>− | +<br>− | | ⊕<br>− | +<br>− | +<br>− | | +<br>− | +<br>− | +<br>− | | +<br>− | +<br>− | +<br>− | +<br>− |

继续根据需要进行纠错。出现错误时，就换到表中下一训练块的 3 个回合——每行正确 3 个，就达到了连续 6 个正确反应的标准。

**步骤 1.2** 确保在不连续强化下维持关系：继续快速呈现回合，不给反馈。

**步骤 1.3** 测试逆转关系，B—A：不提供反馈 / 具体强化。

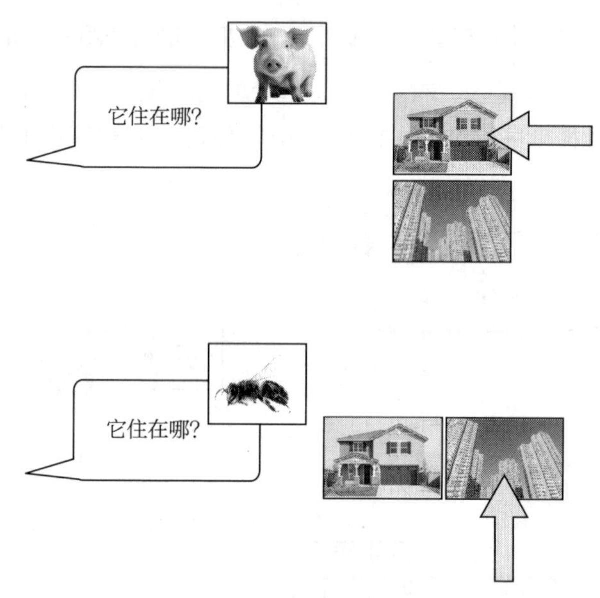


| 日期 | 训练 A1 → B1<br>公寓—猪 | | | | | | | | 训练 A2 → B2<br>高楼—蜜蜂 | | | | | | | | 测试 B1 → A1：<br>猪—公寓 | | 测试 B2 → A2：<br>蜜蜂—高楼 | |
|---|---|---|---|---|---|---|---|---|---|---|---|---|---|---|---|---|---|---|---|---|
| | (+)<br>− | (+)<br>− | +<br>− | | (+)<br>− | (+)<br>− | (+)<br>− | | (+)<br>− | +<br>(−) | +<br>− | | (+)<br>− | (+)<br>− | +<br>(−) | | (+)<br>− | +<br>− | (+)<br>− | +<br>− |
| | (+)<br>− | (+)<br>− | (+)<br>− | | +<br>− | +<br>− | +<br>− | | (+)<br>− | (+)<br>− | (+)<br>− | | +<br>− | +<br>− | +<br>− | | +<br>− | | +<br>− | |

一共进行 6 个测试回合，随机呈现目标。如果学生通过（5/6），则可以继续下一步，测试组合蕴含，或者用其他教学流程测衍生听者 / 衍生命名 / 衍生交互式语言的相互蕴含。如果学生没有通过，则返回到训练与维持，再测一次。

**步骤 2.1**　教授一种新的视觉关系：动物和它们喜欢的食物，C—B（用和第一种视觉关系 A—B 一样的策略和数据收集方法）。

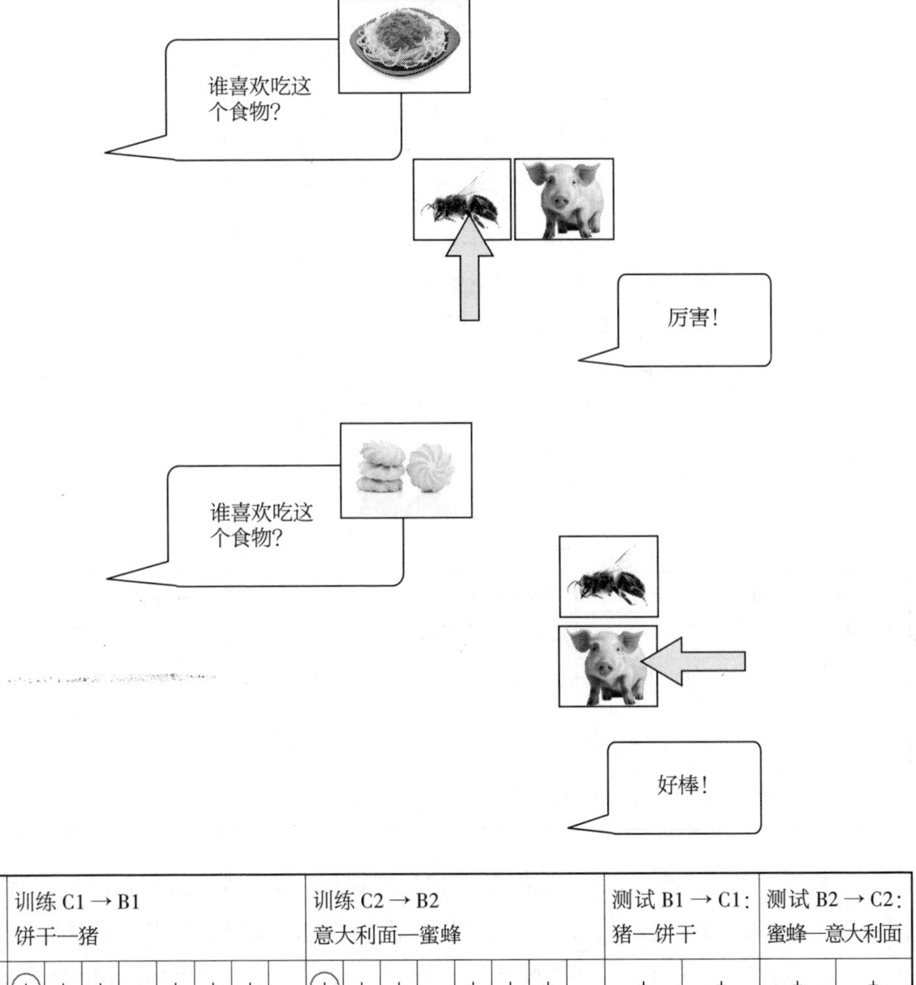


| 日期 | 训练 C1 → B1<br>饼干—猪 | | | | | | | | 训练 C2 → B2<br>意大利面—蜜蜂 | | | | | | | | 测试 B1 → C1:<br>猪—饼干 | | 测试 B2 → C2:<br>蜜蜂—意大利面 | |
|---|---|---|---|---|---|---|---|---|---|---|---|---|---|---|---|---|---|---|---|---|
| | ⊕<br>− | +<br>− | +<br>− | | +<br>− | +<br>− | +<br>− | | ⊕<br>− | +<br>− | +<br>− | | +<br>− | +<br>− | +<br>− | | +<br>− | +<br>− | +<br>− | +<br>− |

继续根据需要进行纠错。出现错误时，就换到表中下一训练块的 3 个回合——每行达到 3 个正确反应，就达到了连续 6 个正确反应的标准。

**步骤 2.2**　确保在不连续强化下维持关系：继续快速呈现回合，不给反馈。

**步骤 2.3** 测试逆转关系，B—C：不提供反馈 / 具体强化。

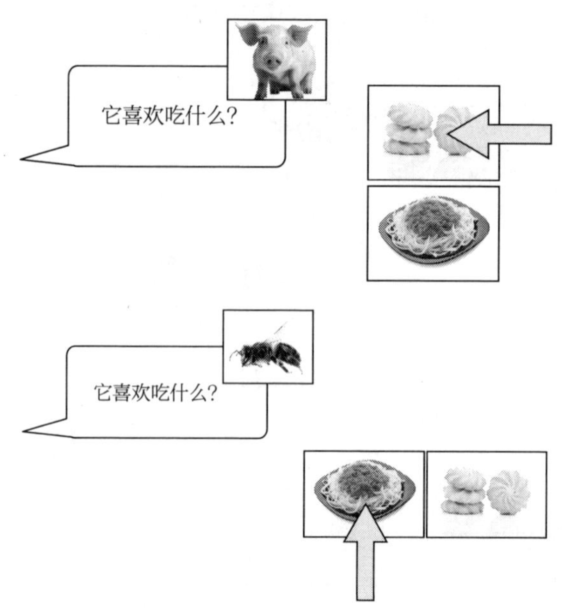


| 日期 | 训练 C1 → B1<br>饼干—猪 | | | | | | | | 训练 C2 → B2<br>意大利面—蜜蜂 | | | | | | | | 测试 B1 → C1：<br>猪—饼干 | | 测试 B2 → C2：<br>蜜蜂—意大利面 | |
|---|---|---|---|---|---|---|---|---|---|---|---|---|---|---|---|---|---|---|---|---|
| | ⊕<br>– | ⊕<br>– | +<br>– | | ⊕<br>– | +<br>⊖ | +<br>– | | ⊕<br>– | +<br>⊖ | +<br>– | | ⊕<br>– | ⊕<br>– | +<br>– | | ⊕<br>– | +<br>– | ⊕<br>– | +<br>– |
| | ⊕<br>– | ⊕<br>– | ⊕<br>– | | +<br>– | +<br>– | +<br>– | | ⊕<br>– | ⊕<br>– | ⊕<br>– | | +<br>– | +<br>– | +<br>– | | +<br>– | | +<br>– | |

一共进行 6 个测试回合，随机摆放和呈现目标。如果学生通过（5/6），则可以继续下一步，测试组合蕴含，或者用其他教学流程测试衍生听者 / 衍生命名 / 衍生交互式语言的相互蕴含。如果学生没有通过，则返回训练与维持，再测试一次。

## 教学流程：教授视觉关系 / 测试衍生关系（组合蕴含）

当学生学会用动物 / 房子和动物 / 食物展现相互蕴含时，就继续测试组合蕴含，方法如下：

**步骤 3.1** 复习新学的和以前就会的关系（A—B、C—B）：根据需要提供强化和纠错（见下面的注）。

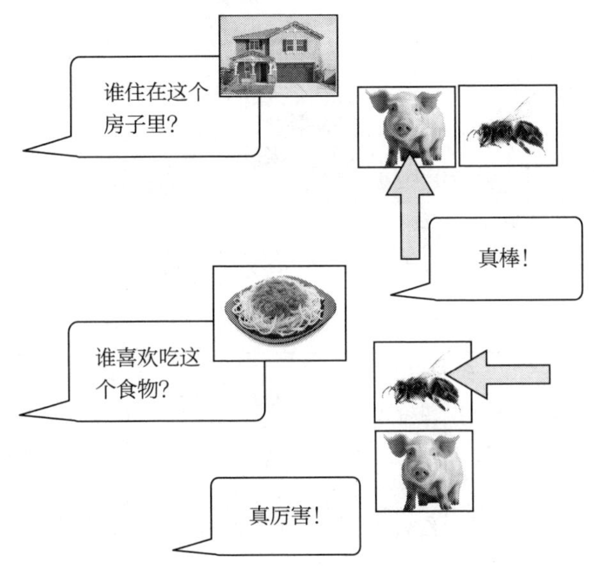


| 日期 | 复习 A1 → B1 公寓—猪 | | | | 复习 C1 → B1 饼干—猪 | | | | 复习 A2 → B2 高楼—蜜蜂 | | | | 复习 C2 → B2 意大利面—蜜蜂 | | | | | | | |
|---|---|---|---|---|---|---|---|---|---|---|---|---|---|---|---|---|---|---|---|---|
| | (+) – | + – | + – | | + – | + – | + – | | + – | + – | + – | | (+) – | + – | + – | | | | | |

继续根据需要进行纠错。出现错误时，就换到表中下一训练块的 3 个回合——每行达到 3 个正确反应，就达到了连续 12 个正确反应的标准。

**注**：开始复习时，如果学生看上去似乎能够维持这些关系，或者在成功通过相互蕴含测试后立即进行，那就不必完成所有 12 个训练回合：可以直接进入维持回合，仅在学生没有通过维持测试时返回训练。

**步骤 3.2** 确保维持之前学习的和新的关系：继续快速呈现回合，不给予反馈。

## 步骤 3.3　测试衍生关系，A—C/C—A：不提供反馈 / 具体强化。

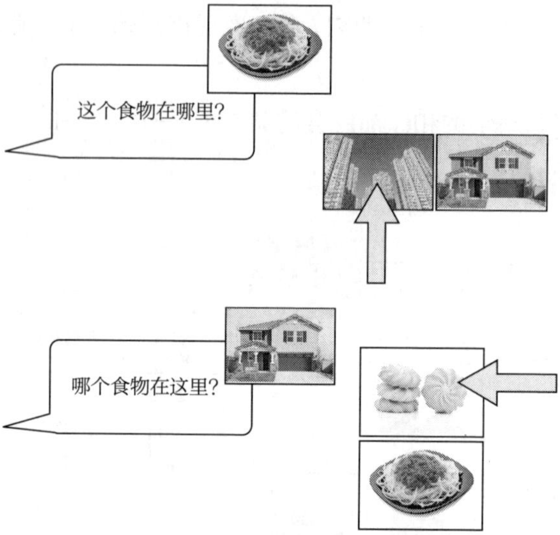

这个食物在哪里?

哪个食物在这里?

| 日期 | 维持 A1 → B1 公寓—猪 | | | 维持 C1 → B1 饼干—猪 | | | 维持 A2 → B2 高楼—蜜蜂 | | | 维持 C2 → B2 意大利面—蜜蜂 | | | 测试 AC1 饼干—公寓 | 测试 AC2 意大利面—高楼 | 测试 CA1 公寓—饼干 | 测试 CA2 高楼—意大利面 |
|---|---|---|---|---|---|---|---|---|---|---|---|---|---|---|---|---|
| | ⊕ − | ⊕ − | | ⊕ − | ⊕ − | | ⊕ − | ⊕ − | | ⊕ − | ⊕ − | | + − | ⊕ − | ⊕ − | + − |
| | + − | + − | | + − | + − | | + − | + − | | + − | + − | | + − | + − | + − | + − |
| | + − | + − | | + − | + − | | + − | + − | | + − | + − | | + − | + − | + − | + − |
| | + − | + − | | + − | + − | | + − | + − | | + − | + − | | + − | + − | + − | + − |

测试一共进行 8 个回合，随机呈现目标。如果学生通过（7/8），则测试完成。如果学生没有通过测试，则返回训练与维持，再测试一次。

# 早期衍生关系反应评估数据表

## 评估早期衍生关系反应（表 1）

**1. 相互蕴含：训练命名 / 衍生听者反应**

1.1 训练 B → A 它叫什么名字？（拿着 B）

标准 = 跨样本连续 6 个正确。

1.2 检查维持 B → A，不提供具体反馈

标准 = 跨样本连续 6 个正确。

1.3 测试 A → B，哪个是 [A]？

标准 = 跨样本 5/6 正确。

刺激组：

A1（名字）:

B1（动物）:

C1（叫声）:

A2（名字）:

B2（动物）:

C2（叫声）:

| 日期 | 训练 B1 → A1 | | | | | | | | 训练 B2 → A2 | | | | | | | | 测试 A1 → B1: | | 测试 A2 → B2: | |
|---|---|---|---|---|---|---|---|---|---|---|---|---|---|---|---|---|---|---|---|---|
| | +<br>– | +<br>– | +<br>– | | +<br>– | +<br>– | +<br>– | | +<br>– | +<br>– | +<br>– | | +<br>– | +<br>– | +<br>– | | +<br>– | +<br>– | +<br>– | +<br>– |
| | +<br>– | +<br>– | +<br>– | | +<br>– | +<br>– | +<br>– | | +<br>– | +<br>– | +<br>– | | +<br>– | +<br>– | +<br>– | | +<br>– | | +<br>– | |
| | +<br>– | +<br>– | +<br>– | | +<br>– | +<br>– | +<br>– | | +<br>– | +<br>– | +<br>– | | +<br>– | +<br>– | +<br>– | | | | | |
| | +<br>– | +<br>– | +<br>– | | +<br>– | +<br>– | +<br>– | | +<br>– | +<br>– | +<br>– | | +<br>– | +<br>– | +<br>– | | +<br>– | +<br>– | +<br>– | +<br>– |
| | +<br>– | +<br>– | +<br>– | | +<br>– | +<br>– | +<br>– | | +<br>– | +<br>– | +<br>– | | +<br>– | +<br>– | +<br>– | | +<br>– | | +<br>– | |
| | +<br>– | +<br>– | +<br>– | | +<br>– | +<br>– | +<br>– | | +<br>– | +<br>– | +<br>– | | +<br>– | +<br>– | +<br>– | | | | | |

**2. 组合蕴含：训练命名 / 衍生交互式语言**

2.1 复习关系 B → A　它 [B] 叫什么名字？　B → C 它 [B] 怎么叫？

标准 = 跨样本连续 12 个正确（每个样本有 3 个）。

2.2 检查混合维持 B → A，B → C，不提供具体反馈

标准 = 跨样本连续 8 个正确。

2.3 测试 A → C（[A] 怎么叫?）和 C → A（谁 [C] 叫?）

标准 = 跨样本 7/8 正确。

| 日期 | 复习 B1 → A1 | | | | 复习 B1 → C1 | | | | 复习 B2 → A2 | | | | 复习 B2 → C2 | | | | | | | |
|---|---|---|---|---|---|---|---|---|---|---|---|---|---|---|---|---|---|---|---|---|
| | +<br>− | +<br>− | +<br>− | | +<br>− | +<br>− | +<br>− | | +<br>− | +<br>− | +<br>− | | +<br>− | +<br>− | +<br>− | | | | | |
| | +<br>− | +<br>− | +<br>− | | +<br>− | +<br>− | +<br>− | | +<br>− | +<br>− | +<br>− | | +<br>− | +<br>− | +<br>− | | | | | |
| | +<br>− | +<br>− | +<br>− | | +<br>− | +<br>− | +<br>− | | +<br>− | +<br>− | +<br>− | | +<br>− | +<br>− | +<br>− | | | | | |
| | +<br>− | +<br>− | +<br>− | | +<br>− | +<br>− | +<br>− | | +<br>− | +<br>− | +<br>− | | +<br>− | +<br>− | +<br>− | | | | | |

| 日期 | 维持 B1 → A1 | | | 维持 B1 → C1 | | | 维持 B2 → A2 | | | 维持 B2 → C2 | | | 测试 AC1 | 测试 AC2 | 测试 CA1 | 测试 CA2 |
|---|---|---|---|---|---|---|---|---|---|---|---|---|---|---|---|---|
| | +<br>− | +<br>− | | +<br>− | +<br>− | | +<br>− | +<br>− | | +<br>− | +<br>− | | +<br>− | +<br>− | +<br>− | +<br>− |
| | +<br>− | +<br>− | | +<br>− | +<br>− | | +<br>− | +<br>− | | +<br>− | +<br>− | | +<br>− | +<br>− | +<br>− | +<br>− |
| | | | | | | | | | | | | | | | | |
| | +<br>− | +<br>− | | +<br>− | +<br>− | | +<br>− | +<br>− | | +<br>− | +<br>− | | +<br>− | +<br>− | +<br>− | +<br>− |
| | +<br>− | +<br>− | | +<br>− | +<br>− | | +<br>− | +<br>− | | +<br>− | +<br>− | | +<br>− | +<br>− | +<br>− | +<br>− |

## 评估早期衍生关系反应（表 2）

**1. 相互蕴含：训练听者反应 / 衍生命名**

1.1 训练 A → B，哪个是 [A]？

标准 = 跨样本连续 6 个正确。

1.2 检查维持 A → B，不提供具体反馈

标准 = 跨样本连续 6 个正确。

1.3. 测试 B → A，它叫什么名字（拿着 B）？

标准 = 跨样本 5/6 正确。

刺激组：
A1（名字）：
B1（动物）：
C1（叫声）：

A2（名字）：
B2（动物）：
C2（叫声）：

| 日期 | 训练 A1 → B1 | | | | | | | | 训练 A2 → B2 | | | | | | | | 测试 B1 → A1： | | 测试 B2 → A2： | |
|---|---|---|---|---|---|---|---|---|---|---|---|---|---|---|---|---|---|---|---|---|
| | +<br>– | +<br>– | +<br>– | | +<br>– | +<br>– | +<br>– | | +<br>– | +<br>– | +<br>– | | +<br>– | +<br>– | +<br>– | | +<br>– | +<br>– | +<br>– | +<br>– |
| | +<br>– | +<br>– | +<br>– | | +<br>– | +<br>– | +<br>– | | +<br>– | +<br>– | +<br>– | | +<br>– | +<br>– | +<br>– | | +<br>– | | +<br>– | |
| | +<br>– | +<br>– | +<br>– | | +<br>– | +<br>– | +<br>– | | +<br>– | +<br>– | +<br>– | | +<br>– | +<br>– | +<br>– | | | | | |
| | +<br>– | +<br>– | +<br>– | | +<br>– | +<br>– | +<br>– | | +<br>– | +<br>– | +<br>– | | +<br>– | +<br>– | +<br>– | | +<br>– | +<br>– | +<br>– | +<br>– |
| | +<br>– | +<br>– | +<br>– | | +<br>– | +<br>– | +<br>– | | +<br>– | +<br>– | +<br>– | | +<br>– | +<br>– | +<br>– | | +<br>– | | +<br>– | |
| | +<br>– | +<br>– | +<br>– | | +<br>– | +<br>– | +<br>– | | +<br>– | +<br>– | +<br>– | | +<br>– | +<br>– | +<br>– | | | | | |

**2. 组合蕴含：训练听者反应 / 衍生交互式语言**

2.1 复习关系 A → B　哪个是 [A]？　C → B 哪个 [C] 叫?

标准 = 跨样本连续 12 个正确（每个样本有 3 个）。

2.2 检查混合维持 A → B，C → B，不提供具体反馈：

标准 = 跨样本连续 8 个正确。

2.3 测试 A → C（[A] 怎么叫?）和 C → A（谁 [C] 叫?）

标准 = 跨样本 7/8 正确。

| 日期 | 复习 A1 → B1 | | | | 复习 C1 → B1 | | | | 复习 A2 → B2 | | | | 复习 C2 → B2 | | | | | | | |
|---|---|---|---|---|---|---|---|---|---|---|---|---|---|---|---|---|---|---|---|---|
| | +<br>– | +<br>– | +<br>– | | +<br>– | +<br>– | +<br>– | | +<br>– | +<br>– | +<br>– | | +<br>– | +<br>– | +<br>– | | | | | |
| | +<br>– | +<br>– | +<br>– | | +<br>– | +<br>– | +<br>– | | +<br>– | +<br>– | +<br>– | | +<br>– | +<br>– | +<br>– | | | | | |
| | +<br>– | +<br>– | +<br>– | | +<br>– | +<br>– | +<br>– | | +<br>– | +<br>– | +<br>– | | +<br>– | +<br>– | +<br>– | | | | | |
| | +<br>– | +<br>– | +<br>– | | +<br>– | +<br>– | +<br>– | | +<br>– | +<br>– | +<br>– | | +<br>– | +<br>– | +<br>– | | | | | |

| 日期 | 维持 A1 → B1 | | | 维持 C1 → B1 | | | 维持 A2 → B2 | | | 维持 C2 → B2 | | | 测试 AC1 | 测试 AC2 | 测试 CA1 | 测试 CA2 |
|---|---|---|---|---|---|---|---|---|---|---|---|---|---|---|---|---|
| | +<br>– | +<br>– | | +<br>– | +<br>– | | +<br>– | +<br>– | | +<br>– | +<br>– | | +<br>– | +<br>– | +<br>– | +<br>– |
| | +<br>– | +<br>– | | +<br>– | +<br>– | | +<br>– | +<br>– | | +<br>– | +<br>– | | +<br>– | +<br>– | +<br>– | +<br>– |
| | | | | | | | | | | | | | | | | |
| | +<br>– | +<br>– | | +<br>– | +<br>– | | +<br>– | +<br>– | | +<br>– | +<br>– | | +<br>– | +<br>– | +<br>– | +<br>– |
| | +<br>– | +<br>– | | +<br>– | +<br>– | | +<br>– | +<br>– | | +<br>– | +<br>– | | +<br>– | +<br>– | +<br>– | +<br>– |

## 评估早期衍生关系反应（表 3）

**1. 相互蕴含：训练交互式语言 / 衍生逆转交互式语言**

1.1 训练 A → B 我的宠物 [A] 是 [B]。我的宠物 [A] 是什么动物?

标准 = 跨样本连续 6 个正确。

1.2 检查维持 A → B，不提供具体反馈

标准 = 跨样本连续 6 个正确。

1.3 测试 B → A，我的宠物 [B] 叫什么名字?

标准 = 跨样本 5/6 正确。

刺激组：
A1（名字）:
B1（动物）:
C1（叫声）:

A2（名字）:
B2（动物）:
C2（叫声）:

| 日期 | 训练 A1 → B1 | | | | | | | | 训练 A2 → B2 | | | | | | | | 测试 B1 → A1: | | 测试 B2 → A2: | |
|---|---|---|---|---|---|---|---|---|---|---|---|---|---|---|---|---|---|---|---|---|
| | +<br>– | +<br>– | +<br>– | | +<br>– | +<br>– | +<br>– | | +<br>– | +<br>– | +<br>– | | +<br>– | +<br>– | +<br>– | | +<br>– | +<br>– | +<br>– | +<br>– |
| | +<br>– | +<br>– | +<br>– | | +<br>– | +<br>– | +<br>– | | +<br>– | +<br>– | +<br>– | | +<br>– | +<br>– | +<br>– | | +<br>– | | +<br>– | |
| | +<br>– | +<br>– | +<br>– | | +<br>– | +<br>– | +<br>– | | +<br>– | +<br>– | +<br>– | | +<br>– | +<br>– | +<br>– | | | | | |
| | +<br>– | +<br>– | +<br>– | | +<br>– | +<br>– | +<br>– | | +<br>– | +<br>– | +<br>– | | +<br>– | +<br>– | +<br>– | | +<br>– | +<br>– | +<br>– | +<br>– |
| | +<br>– | +<br>– | +<br>– | | +<br>– | +<br>– | +<br>– | | +<br>– | +<br>– | +<br>– | | +<br>– | +<br>– | +<br>– | | +<br>– | | +<br>– | |
| | +<br>– | +<br>– | +<br>– | | +<br>– | +<br>– | +<br>– | | +<br>– | +<br>– | +<br>– | | +<br>– | +<br>– | +<br>– | | | | | |

**2. 组合蕴含：训练交互式语言 / 衍生交互式语言**

2.1 复习关系 A → B 哪个动物是我的宠物 [A]? /C → B 哪种动物 [C] 叫?

标准 = 跨样本连续 12 个正确（每个样本有 3 个）。

2.2 检查混合维持 A → B，C → B，不提供具体反馈:

标准 = 跨样本连续 8 个正确。

2.3 测 A → C（我的宠物 [A] 怎么叫?）和 C → A（我的哪个宠物 [C] 叫?）

标准 = 跨样本 7/8 正确。

| 日期 | 复习 A1 → B1 | | | | 复习 C1 → B1 | | | | 复习 A2 → B2 | | | | 复习 C2 → B2 | | | | | | | |
|---|---|---|---|---|---|---|---|---|---|---|---|---|---|---|---|---|---|---|---|---|
| | + − | + − | + − | | + − | + − | + − | | + − | + − | + − | | + − | + − | + − | | | | | |
| | + − | + − | + − | | + − | + − | + − | | + − | + − | + − | | + − | + − | + − | | | | | |
| | + − | + − | + − | | + − | + − | + − | | + − | + − | + − | | + − | + − | + − | | | | | |
| | + − | + − | + − | | + − | + − | + − | | + − | + − | + − | | + − | + − | + − | | | | | |

| 日期 | 维持 A1 → B1 | | | 维持 C1 → B1 | | | 维持 A2 → B2 | | | 维持 C2 → B2 | | | 测试 AC1 | 测试 AC2 | 测试 CA1 | 测试 CA2 |
|---|---|---|---|---|---|---|---|---|---|---|---|---|---|---|---|---|
| | + − | + − | | + − | + − | | + − | + − | | + − | + − | | + − | + − | + − | + − |
| | + − | + − | | + − | + − | | + − | + − | | + − | + − | | + − | + − | + − | + − |
| | | | | | | | | | | | | | | | | |
| | + − | + − | | + − | + − | | + − | + − | | + − | + − | | + − | + − | + − | + − |
| | + − | + − | | + − | + − | | + − | + − | | + − | + − | | + − | + − | + − | + − |

# 评估早期衍生关系反应（表 4）

**1. 相互蕴含：训练 / 测试视觉关系 1（AB/ BA）**

1.1 训练 A → B，谁住在这里 [ 拿着 A ]？

标准 = 跨样本连续 6 个正确。

1.2 检查维持 A → B，不提供具体反馈

标准 = 跨样本连续 6 个正确。

1.3 测试 B → A，这个住在哪里 [ 拿着 B ]？

标准 = 跨样本 5/6 正确。

刺激组：
A1（地方）：
B1（动物）：
C1（食物）：

A2（地方）：
B2（动物）：
C2（食物）：

| 日期 | 训练 A1 → B1 | | | | | | | | 训练 A2 → B2 | | | | | | | | 测试 B1 → A1： | | 测试 B2 → A2： | |
|---|---|---|---|---|---|---|---|---|---|---|---|---|---|---|---|---|---|---|---|---|
| | + − | + − | + − | | + − | + − | + − | | + − | + − | + − | | + − | + − | + − | | + − | + − | + − | + − |
| | + − | + − | + − | | + − | + − | + − | | + − | + − | + − | | + − | + − | + − | | + − | | + − | |
| | + − | + − | + − | | + − | + − | + − | | + − | + − | + − | | + − | + − | + − | | | | | |
| | + − | + − | + − | | + − | + − | + − | | + − | + − | + − | | + − | + − | + − | | + − | + − | + − | + − |
| | + − | + − | + − | | + − | + − | + − | | + − | + − | + − | | + − | + − | + − | | + − | | + − | |
| | + − | + − | + − | | + − | + − | + − | | + − | + − | + − | | + − | + − | + − | | | | | |

**2. 相互蕴含：训练 / 测试视觉关系 2（CB/BC）**

2.1 复习关系 C → B，谁喜欢这个 [ 拿着 C ]？

标准 = 跨样本连续 6 个正确。

2.2 检查维持 C → B，不提供具体反馈：

标准 = 跨样本连续 6 个正确。

2.3 测试 B → C，这个喜欢什么 [ 拿着 B ]？

标准 = 跨样本 5/6 正确。

| 日期 | 训练 C1 → B1 | | | | | | | | 训练 C2 → B2 | | | | | | | | 测试<br>B1 → C1: | | 测试<br>B2 → C2: | |
|---|---|---|---|---|---|---|---|---|---|---|---|---|---|---|---|---|---|---|---|---|
| | +<br>– | +<br>– | +<br>– | | +<br>– | +<br>– | +<br>– | | +<br>– | +<br>– | +<br>– | | +<br>– | +<br>– | +<br>– | | +<br>– | +<br>– | +<br>– | +<br>– |
| | +<br>– | +<br>– | +<br>– | | +<br>– | +<br>– | +<br>– | | +<br>– | +<br>– | +<br>– | | +<br>– | +<br>– | +<br>– | | +<br>– | | +<br>– | |
| | +<br>– | +<br>– | +<br>– | | +<br>– | +<br>– | +<br>– | | +<br>– | +<br>– | +<br>– | | +<br>– | +<br>– | +<br>– | | | | | |
| | +<br>– | +<br>– | +<br>– | | +<br>– | +<br>– | +<br>– | | +<br>– | +<br>– | +<br>– | | +<br>– | +<br>– | +<br>– | | +<br>– | +<br>– | +<br>– | +<br>– |
| | +<br>– | +<br>– | +<br>– | | +<br>– | +<br>– | +<br>– | | +<br>– | +<br>– | +<br>– | | +<br>– | +<br>– | +<br>– | | +<br>– | | +<br>– | |
| | +<br>– | +<br>– | +<br>– | | +<br>– | +<br>– | +<br>– | | +<br>– | +<br>– | +<br>– | | +<br>– | +<br>– | +<br>– | | | | | |

**3. 组合蕴含衍生视觉关系**

3.1 复习关系 A → B，谁住在这里 [ 拿着 A ] ？/C → B，谁喜欢这个 [ 拿着 C ] ？

标准 = 跨样本连续 12 个正确（每个样本有 3 个）。

3.2 检查混合维持 A → B，C → B，不提供具体反馈：

标准 = 跨样本连续 8/8 正确。

3.3 测 A → C（这里有什么食物 [ 拿着 A ] ？）和 C → A（哪里有这个 [ 拿着 C ] ？）：

标准 = 跨样本 7/8 个正确。

刺激组：

A1（地方）：

B1（动物）：

C1（食物）：

A2（地方）：

B2（动物）：

C2（食物）：

| 日期 | 复习 A1→B1 | | | | 复习 C1→B1 | | | | 复习 A2→B2 | | | | 复习 C2→B2 | | | | | | | |
|---|---|---|---|---|---|---|---|---|---|---|---|---|---|---|---|---|---|---|---|---|
| | + − | + − | + − | | + − | + − | + − | | + − | + − | + − | | + − | + − | + − | | | | | |
| | + − | + − | + − | | + − | + − | + − | | + − | + − | + − | | + − | + − | + − | | | | | |
| | + − | + − | + − | | + − | + − | + − | | + − | + − | + − | | + − | + − | + − | | | | | |
| | + − | + − | + − | | + − | + − | + − | | + − | + − | + − | | + − | + − | + − | | | | | |

| 日期 | 维持 A1→B1 | | | 维持 C1→B1 | | | 维持 A2→B2 | | | 维持 C2→B2 | | | 测试 AC1 | 测试 AC2 | 测试 CA1 | 测试 CA2 |
|---|---|---|---|---|---|---|---|---|---|---|---|---|---|---|---|---|
| | + − | + − | | + − | + − | | + − | + − | | + − | + − | | + − | + − | + − | + − |
| | + − | + − | | + − | + − | | + − | + − | | + − | + − | | + − | + − | + − | + − |
| | | | | | | | | | | | | | | | | |
| | + − | + − | | + − | + − | | + − | + − | | + − | + − | | + − | + − | + − | + − |
| | + − | + − | | + − | + − | | + − | + − | | + − | + − | | + − | + − | + − | + − |

# 早期衍生关系反应评估准确性检查表

**刺激设置**

□ 刺激对孩子来说是熟悉且可发音的。

□ 选择的刺激以前互相没有关联，没有相同的字母开头，彼此不押韵等（以确保孩子不能根据物理相似性将它们联系起来）。

□ 随机或准随机地轮流呈现刺激（不是大量回合）。

□ 每个回合，在随机的位置拿取和放回视觉刺激。

**数据收集**

□ 数据表显示了每个回合中使用的刺激关系和具体的 $S^D$。

□ 数据是基于每个回合来收集的，并涵盖所有刺激关系。

**回合呈现**

□ 呈现的声音和/或视觉刺激与训练或测试的刺激关系相适应，如评估数据表/脚本所示（例如，测试交互式语言时不呈现视觉刺激，在命名回合中不使用交互式语言陈述或额外的相关语言刺激，等等）。

**直接训练或维持回合中的强化**

□ 可以使用通常用于与孩子进行教学的任何额外强化系统，并按照典型的时间表使用。

□ 提供社会性表扬。

□ 只使用笼统的表扬/反馈，没有关于刺激的具体陈述。

**直接训练或维持回合中的纠错**

□ 示范：恰当的语言指令和准确的示范。

□ 指导：恰当的语言指令和辅助。

□ 独立回合：恰当的语言指令，允许有 5 秒的反应时间。

□ 如果在独立回合中出现错误，则准确地重复一次纠错程序。

**测试回合中的强化**

□ 不使用具体强化。

□ 任何语言陈述都是中性的，包括辅助继续反应。

□ 必要时，在回合间强化孩子参与的行为，但不以具体的反应为条件。

**测试回合中的纠错**

□ 不使用纠错程序。

# 早期衍生关系反应评估范例刺激组

| 组 | 组 1 | 组 1 |
|---|---|---|
| A 听觉　名字 | A1：杰克 | A2：泰德 |
| A 视觉　房子 | A1  | A2  |
| B 听觉<br>动物类型 | B1：狮子 | B2：蛇 |
| B 视觉<br>图片：动物 | B1  | B2  |
| C 听觉　叫声 | C1：吼叫 | C2：嘶嘶 |
| C 视觉　食物 | C1  | C2  |

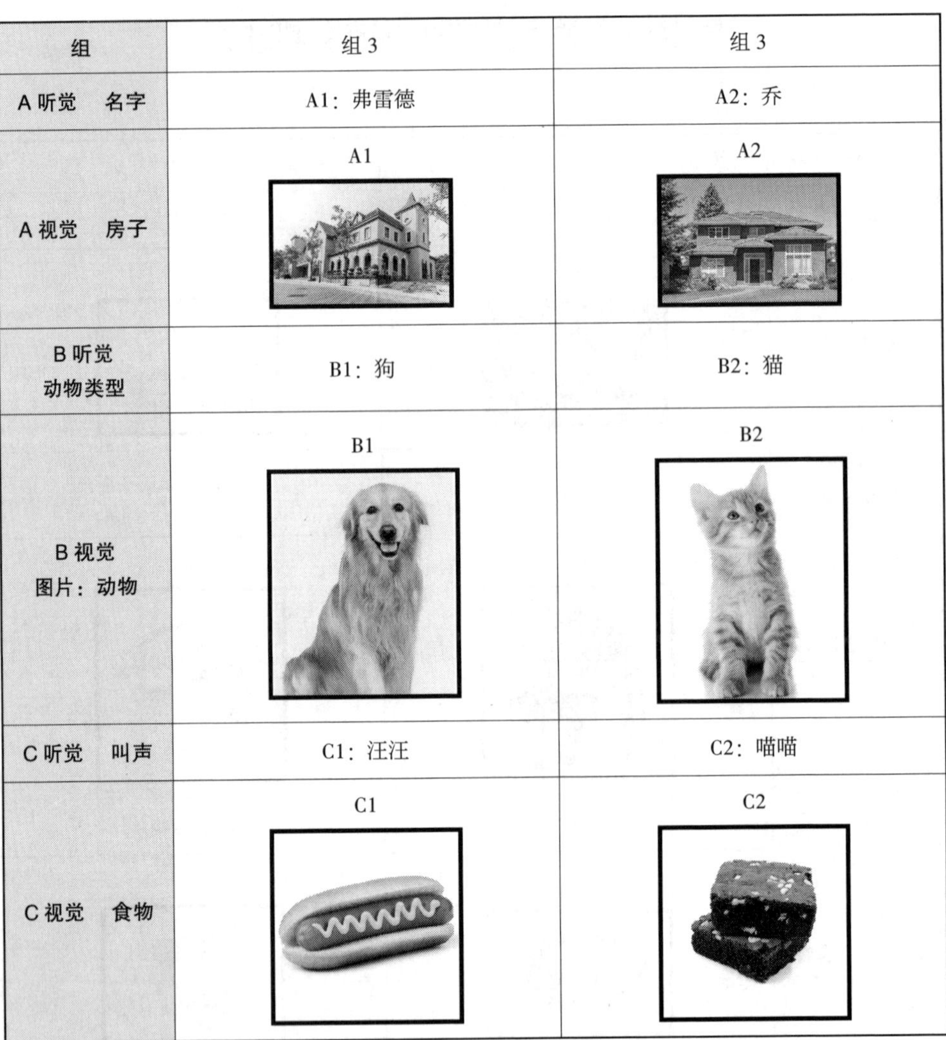

| 组 | 组 3 | 组 3 |
| --- | --- | --- |
| A 听觉　名字 | A1：弗雷德 | A2：乔 |
| A 视觉　房子 | A1 | A2 |
| B 听觉<br>动物类型 | B1：狗 | B2：猫 |
| B 视觉<br>图片：动物 | B1 | B2 |
| C 听觉　叫声 | C1：汪汪 | C2：喵喵 |
| C 视觉　食物 | C1 | C2 |

| 组 | 组 4 | 组 4 |
| --- | --- | --- |
| A 听觉　名字 | A1：伊芙 | A2：吉尔 |
| A 视觉　房子 | A1  | A2  |
| B 听觉<br>动物类型 | B1：猪 | B2：蜜蜂 |
| B 视觉<br>图片：动物 | B1  | B2  |
| C 听觉　叫声 | C1：哼哼 | C2：嗡嗡 |
| C 视觉　食物 | C1  | C2  |

# 第三章

# 多重示范训练

## 什么是多重示范训练

对于患有孤独症或发育迟缓的人来说，核心问题之一是关系框架技能明显不足或缺失[68]。上一章中的评估有助于确定在等同关系方面缺乏关键技能的学生。如果学生存在缺陷，那下一步就是教授他所需的能力。

作为一种操作，关系框架本身是可以学习的，因此也是可以进行训练的。关系框架理论表明，一般发展儿童是通过日常语言互动学习这种能力的。看护人自然地为孩子提供多重示范和根据刺激关系的特定模式做出适当反应的强化。本章重点讨论的相同关系能力是一般发展中最早获得的能力。如介绍中所讨论的，非常早期的训练史促进了词和物之间建立相同关系。看护人通常会在婴儿面前说一个物品的名称，然后强化任何对特定物品的定向反应（听到名称 A →看物品 B）。（注意，正如介绍中提到的，本例也说明了共同关注作为衍生关系反应的先决交点技能的重要性。）看护人通常也会向婴儿展示物品，然后示范说出它的名字，并在看向该物品时强化仿说反应（看到物品 B →听到并说出名称 A）。这样就通过自然的儿童—看护人互动，提供了名称—物品双向关系的多重示范。关系框架理论表明，在教授了足够数量的名称—物品和物品—名称的范例之后，就建立了相互蕴含的物品—名称反应的泛化操作。

从技术角度看，这种多重示范双向训练确立了特定的情境线索，对相互蕴含的关系反应具有区辨作用。例如，看见消防车玩具时，告诉有这种训练历史的孩子，“这是一辆消防车”。“是”字和命名语境的其他方面（如看见看护人、指向物品等）的情境线索，都对名称和物品之间的相互蕴含的关系反应具有区辨作用。因此，不需要任何额外的训练，孩子不仅会在看到消防车玩具并被问及“这是什么？”时回答“消防车”（物品 B →名称 A），还会在被问及“消防车在哪里？”时衍生出指向消防车玩具的反应（名称 A →物品 B）。也就是说，他们会根据以往历史所建立的双向名称—物品关系的泛化模式做出反应。

正如之前提到的，关系框架理论认为，这种双向的名称—物品反应模式很可能是要学习的第一个泛化情境控制的关系反应的范例。这是一个相同关系反应的例子，因为它涉及在情境控制下将词和物视为相互替代。例如，在诸如“是”“……的名称”等词的情境控制下，孩子会在听到名称时指向物品，并在看到物品时说出名称。因为只涉及两种刺激，所以这是一种相对简单的相同关系反应模式。随着与自然语言环境的不断接触，接下来要习得的是涉及三个或更多刺激的更复杂的相同关系反应（刺激等同）。学习刺激等同模式的前提是习得了名称—物品的双向关系反应能力，因为刺激等同需要对称（相互蕴含的相同）关系反应。此外，也可能存在这样的情况，即相对直接地提供三个或更多刺激的相互替代模式的训练。

以上一章讨论的背景为例，当孩子第一次学习动物知识，并接触到有关动物及其叫声的歌曲和书籍（如老麦克唐纳、农场动物绘本）时，他们可能会明确地学到，动物的图片（刺激物 A）会与几种不同的听觉刺激相匹配，包括动物的名称（刺激物 B）和动物发出的声音（刺激物 C）。看护人可能会问孩子“这是什么？”之类的问题，然后举例说明这种动物怎么叫，或者让孩子在纸上“找出发出某种特定叫声的动物”。歌曲提供了更多有关交互式语言的例子，由孩子们填入不同动物的叫声。通过接触这种类型的教学情境，图片、名称和叫声之间的相同关系和相互替代的模式得到加强，在接触了充足的范例之后，孩子就能够根据这种模式衍生关系。这时，衍生关系包括衍生的相互蕴含和衍生的组合蕴含。例如，教孩子辨别青蛙的图片，告诉他们青蛙“呱呱”叫，然后他们就可以回答

“青蛙怎么叫？”或“谁呱呱叫？”的问题（就像上一章中讨论的评估教学流程一样）。

常用字的初步学习也可以说明这一过程。事实上，文字反应一直被用于许多刺激等同研究，包括有着巨大影响的西德曼（1971）的研究。最初学习常用字时，通常会将图片和对应文字配对，并在说出对应词（B）时，明确教导孩子选择图片（A）和文字（C）。再教孩子，一组三种类型的刺激（本例中是图片、文字和声音刺激）在特定情境中是“相配”的，因此它们在该情境中是可以相互替代的。也就是说，在出现任意一种刺激时，选择三种刺激中的任意一个都会产生强化。同样，在接触了足够多这样的三种刺激的关系模式的范例之后，最后，如果给孩子一组新的刺激，孩子就能够根据所学到的其中两种关系推导出组合蕴含关系。例如，学习了狗的图片（A）应与口语“狗”（B）一起选择，并且文字刺激“狗”（C）也应与口语（B）一起选择，在这之后，孩子可以在没有额外强化的情况下，根据文字刺激（C）选择图片（A），反之亦然。

这些示例说明了关系框架的概念（本例中为相同关系），它是由多个示例的强化历史所产生的广义的反应类组，受情境控制。将关系框架概念化为高阶操作行为，为这些技能勾勒出了清晰的学习路径。从这个角度来看，关系反应技能的多重示范训练，不仅是一般儿童获得和加强语言技能的手段，而且提供了这种技能缺失或薄弱时进行修复和训练的方法。现在有越来越多的研究表明，等同模式的关系框架包括对称性和转移性，特别是在基于命名理论[69]和《语言发展理论》（*Verbal Development Theory*）[70]的应用工作中；也有越来越多的研究证明了基于关系框架理论的应用工作中的相同以及衍生关系反应的其他模式[71]。

研究[72]发现，年幼的一般发展儿童的相同框架，早在17月龄时就出现了相互蕴含的图片—名称关系，早在24月龄时就出现了组合蕴含的名称—声音关系。根据这个发展范围的理解，明确侧重在相同框架中建立稳固的关系框架技能，会让许多孤独症儿童在语言干预的早期阶段受益。因此，本章重点是建立相同框架。我们强调在评估和训练中使用听觉和视觉刺激，因为听觉—视觉关系是语言发展非常重要的第一步。同时，使用所有视觉刺激（如各种分类任务）来建立关系框架也很重要，对于一些无语言的学习者来说，这可能是一个特别合适的开始。

我们在这里推荐的建立相互蕴含的教学流程，基于越来越多的研究，这些研究为多重示范训练（MET）在建立各种关系框架[73]以及建立双向刺激关系（例如，命名 / 听者区辨、交互式语言 / 逆转交互式语言）方面的有效性提供了证据，这在命名理论以及关系框架理论和等同的研究中得到了证明[74]。有证据表明，在相同框架的组合蕴含中，可以使用文字刺激[75]和声音刺激[76]建立衍生交互式语言反应；然而，对于使用听觉（或声音）刺激的相同框架中的组合蕴含交互式语言的有效性，目前的实证工作还很有限，而且，对于语言技能处于早期发展水平的儿童，其有效性的证据也极为有限。不过，考虑到关系框架对于对话技能灵活性很重要，探索能够提高命名、听者区辨和交互式语言反应的灵活性和衍生的训练方法至关重要。我们在本章中推荐的训练教学流程和解决问题的框架，基于我们对早期学习者的教学经验，以及我们在确定多重示范训练对他们可能有效的教学流程方面的初步研究[77]。研究结果表明，我们提出的方法具有潜在的效力，但同时，这肯定也是一个有待进一步研究的领域。

## 如何实施多重示范训练

### 相互蕴含的多重示范训练

双向命名（naming）方面的文献[78]为我们提供了很好的方向，指导我们如何像交点技能一样，以一种有助于建立命名 / 听者反应之间相互蕴含的方式进行教学。在“言语行为训练法”项目中，我们通常会采用一种策略，即确保命名和听者区辨（和提要求）等教学目标的一致性（学生在命名刺激后也能展现出针对该刺激正确的听者反应），这可以为建立双向关系奠定重要基础。对于许多学生来说，这足以作为多重示范训练。但对于已经经过很多这样的练习却不能展现相互蕴含的命名 / 听者反应的学生来说，可能需要更有针对性的教学程序。多重示范训练也可用于建立相互蕴含的视觉关系，如教授“关联配对”和相互蕴含的交互式语言关系，教授交互式语言和“逆转交互式语言”。

开始实施多重示范训练时，进行相对较小的双向关系组——学生未通过相互蕴含评估的 2~5 个 A—B 关系（你可能习惯将其当作“目标”）。然后，随机轮换双向关系的“方向”（A—B 与 B—A，如命名与听者，训练 A—B 与 B—A 的配对，训练交互式语言和“逆转交互式语言”），并随机轮换刺激，这样就不会在一个刺激的听者回合之后又进行同一刺激的命名（这会以仿说的形式提供无错误辅助）。可以在训练命名和听者能力的组中加入配对的回合，也可以在配对教学中加入图片的名称（参见技术附录：多重示范训练的方法[79]）。教完训练组中所有关系后，就用新的一组来测试相互蕴含。如果学生没有通过测试，就训练该组的关系，然后再用新的一组测试。重复这个循环，直到学生展现相互蕴含。

我们在本章末尾整理了一些例子，使用衍生关系反应评估中的刺激和情境，但如果学生在几个训练组中都没有展现出相互蕴含，我们建议使用更具功能性的（任何以拓宽学生命名和听者能力为目的的）刺激目标。当学生在更具功能性和熟悉的组中展现相互蕴含时，就可以像衍生关系反应评估一样，用新的组回到测试和进行可能的训练。本章后面有更多关于泛化到新情境中的建议。

**技术附录：多重示范训练的方法**

我们用于相互蕴含的程序与格里尔和罗斯在 2008 年出版的《语言行为分析》（*Verbal Behavior Analysis*）一书中充分研究和描述的多重示范训练程序一致，有兴趣的读者可以去查阅。格里尔和罗斯的程序包括配对反应，它有确保对任务的关注以及使物品名与图片配对的功能，类似“刺激配对观察程序”（SPOP；罗萨莱斯，雷费尔特和赫夫曼，2012）。正如米格尔和彼得斯多蒂尔（2009）建议的，并在沃克和雷费尔特（2012）与关系前兆和能力的培训和评估使用的一样，只轮换命名和听者回合而不进行配对回合，也可能是有效的。配对或刺激配对观察程序回合在命名中的重要性有待实证研究。我们鼓励读者评估学习者的进步，以此作为选择使用哪种程序的最佳指标。

我们用于组合蕴含的程序基于我们自己的研究，并且与沃尔什、霍根、梅、西蒙和惠兰（2014）的结论一致。据我们所知，目前还没有其他已发表的研究明确为以前没有展现相同框架的人建立组合蕴含反应能力。这些程序也与用于建立其他框架的程序一致，如相反和比较。

## 组合蕴含的多重示范训练

正如针对刺激物的命名和听者反应的松散但又考虑到二者一致性的统筹安排的教学策略对于部分学生来说，可能是学习相互蕴含反应的泛化能力的充足的多重示范训练，在“语言行为方法”中，这样的“语言模块”教学策略也可能足以帮助学生学习组合蕴含反应的泛化能力。然而，对于那些需要更多支持的学生来说，很可能需要更有针对性的教学程序。训练组合蕴含的基本程序与训练相互蕴含的相似，首先轮流教授所有的关系，然后用新的一组测试衍生关系，也可以用任意刺激类型的组合进行测试。我们会在本章末尾介绍这些示例，使用我们用于评估的相同刺激——与相互蕴含一样，如果学生没能相对快速地用新刺激组展现组合蕴含，就要先回到更具功能性的刺激关系，然后再回到这些新的刺激关系。

## 功能转换的多重示范训练

如第一章所述，功能转换是关系框架的定义特征之一。虽然我们在本书中没有强调功能转换的正式测试，但检查功能（如提要求或其他区辨功能）在适当关系中的转换，确实是一个重要的进展标志。一个有趣的方法是，通过配对建立新的刺激来代替“绿色”和“红色”，以进行“红灯”/“绿灯”游戏（例如，将绿色与紫色、红色与蓝色配对，设置一个在火星上使用不同信号灯的游戏，然后玩“蓝灯”/“紫灯”游戏）。如果“蓝灯”也在不需要任何额外训练的情况下成为“停”的区辨刺激，那么“红灯”对于“停”的区辨功能就发生了转换。

大多数相同框架层面的功能转换的研究都着眼于将功能从图片转移到文字上来。例如，教使用图片提要求的学习者（如图片交换沟通系统 PECS 教学流程），有口语名字（B）时，选图片（A）；有口语名字（B）时，选文字（C），然后他们不仅展现了图片—文字关系的衍生，还用文字衍生了要求[80]。还有研究用抽象符号代替图片或文字，当学习者在这种框架中没有立即展现功能转换时，多重示范训练也被证明能有效地帮助其建立衍生的提要求能力[81]。类似程序已被用于将区辨功能从图片计划转移到基于文字的计划[82]。我们认为，文字反应并不适合本书所关注的早期学习者，但对于更高级的学习者，对于从基于图片提要求或从图片计划过渡到基于文字或符号的学习者来说，的确非常合适。还要建立涉及物品同义词的关系，并测试（必要时进行训练）学习者是否使用了同义词提要求。从确保功能转换和增加要求形态变化的角度来看，这很重要。总体来说，功能转换的多重示范训练与其他多重示范训练程序相似——当用相关刺激测试要求、遵循计划表或其他功能而功能转换未出现时，就用该刺激训练学习者（例如用相关文字明确教授提要求），然后用一组新的刺激测试。例如，学习者没有对“蓝灯”做出“停”的恰当反应，那就用这个游戏训练：“蓝灯”表示“停”，“紫灯”表示“走”，然后用其他颜色建立新的配对游戏，并再次进行游戏。

## 泛化到新情境，并在基于等同的教学后回到多重示范训练

你可能会发现，尽管学生通过了第二章的评估，但使用基于等同的教学（EBT）时，他们就不能成功衍生关系，这一点将在第四章中叙述。这可能是由于学生在一个支持性的情境中建立了相同关系框架技能，但该技能还未被很好地泛化。要解决此问题，一个办法是在学生基于等同的教学期间未衍生出关系的情境中提供多重示范训练。例如你一直在进行物品和其属性或功能之间的关系训练，并在该情境中实施多重示范训练（例如，将衬衫与纽扣和袖子关联；将鞋与鞋带以及“能穿在脚上”联系起来），然后在同一情境中用一组新关系进行测试。但正如我们将在第四章进一步讨论的，在基于等同的教学期间未能出现衍生时，确定关键问题可能很复杂。复杂的刺激控制，包括发散式控制和聚敛性控制，以及相同之外的不同关系的可能性，都会使特定情境的衍生更加困难。

**制定个别化教育计划（IEP）目标**

个别化教育计划中的语言目标通常是基于具体目标的数量设置的，但正如我们提过的，我们并不认为目标的数量是衡量进展的最重要的标志。这样的目标很适合作为早期学习者的短期目标，因为他们需要时间来进行充分的多重示范训练，建立衍生关系反应能力。但当学习者有了初步的、重要的、功能性的提要求、命名和听者区辨能力时，我们建议将重点放在相互或组合蕴含的展现上，将其作为主要目标。显然，目标应该用教育者和学习者能够理解的语言编写，因此，可以把重点放在对“新”刺激关系的反应上。建议如下：

**相互蕴含**

- 学习者学会根据功能关系将某物品与相关物品配对后（如球棒与球，勺子与酸奶），就能在不需要额外训练的情况下，进行反向配对（如球与球棒）。共测试 5 对新物品。
- 学习者学会了听者的命名或区辨新物品后，就能在不需要额外训练的情况下，展现逆转（例如，学习命名物品为“锅铲”，就能从一组物品里找出锅铲）。共测试 5 个物品。

**组合蕴含**

- 学习者学习了相关命名或听者技能后，不需要进行具体的交互式语言训练，就能回答至少 5 个功能性情境 / 分类中至少 2 个测试问题中的交互式语言问题（例如，学习了选择薯条作为吃的东西和在麦当劳买的东西后，能够回答问题“你在麦当劳买了什么？”“薯条”）。

另一个办法（二者并不相互排斥，可以同时使用）是，通过进行越来越抽象和任意的刺激关系来加强关系框架技能。通过使用更抽象的刺激，你可以专注于明确的新关系，而不会受到先前建立的行为模式的干扰。一种方法是使用抽象的视觉 / 听觉刺激，但要在熟悉的情境中——比如我们用于评估的相同情境（动物的名字和叫声）。你可以在关系网中训练关系，例如：

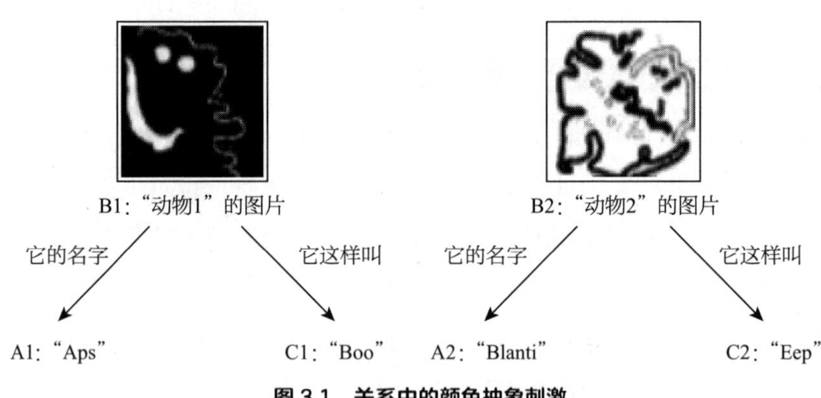


**图 3.1　关系中的颜色抽象刺激**

在本例中，如果学生未能衍生出相互蕴含的 A—B 关系（如"指 Aps"）或组合蕴含的 A—C 关系（如"谁的叫声是 Eep？"），则提供这些关系的多重示范训练，然后再用新刺激组测试。之后继续用新的组进行多重示范训练，直到学生能够用一个全新的组衍生出关系。

当学生能使用熟悉的情境但不熟悉的刺激来衍生关系时，就可以进行完全抽象和任意的刺激关系。这时，你只需教给学生刺激物之间的"配对"。能够在这种非常任意的情境中衍生出关系的学生，可能在相同方面有强大的、得到很好的泛化的关系框架，并且应该很容易通过基于等同的教学快速学习新的内容。你可以从上面使用的颜色刺激开始，然后发展到更抽象的黑白刺激，例如：

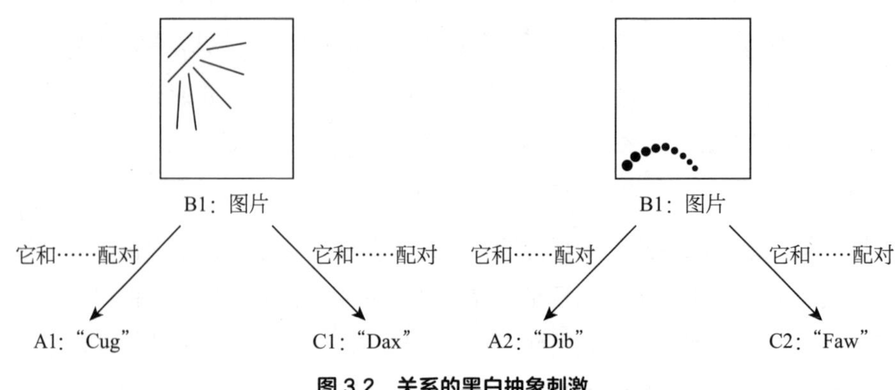


**图 3.2　关系的黑白抽象刺激**

同样，如果学生未能衍生出相互蕴含的 A—B 关系（如“哪个和 Cug 配对”）或组合蕴含的 A—C 关系（如“Dib 和哪个配对？”），则提供这些关系的多重示范训练，然后再用新的刺激组测试。和之前一样，继续用新的组进行多重示范训练，直到学生能够用一个全新的组衍生出关系。

综上所述，当学生在测试中没有展现出新的关系框架技能时，可以用多重示范训练来建立，包括相互蕴含和组合蕴含。许多常见的教学程序自然地提供了多重示范训练，而当需要泛化到新情境中，或当松散的教学没有建立起该能力时，可以更系统地使用多重示范训练，它们的关键特征都是相同的：

- 通过用任意相关刺激的多个组来训练所有关系，着重于训练模式而不是具体的刺激。
- 确保刺激和刺激组有足够的变化，以避免刺激本身的元素造成虚假的刺激控制。
- 用新刺激组测试衍生关系和功能转换，并根据需要重复。

## 多重示范训练教学流程的示例和数据表

### 教学流程：相互蕴含的多重示范训练

如果学习者未通过相互蕴含测试，就对未通过的刺激组使用下面的教学流程。无论最初的测试是针对衍生命名还是衍生听者反应，都可以使用该教学流程。完成多重示范训练教学流程后，用新的一组刺激进行评估。如果你正在进行的训练内容是更为随意的关系，如评估教学流程中的关系，那么作为密集练习，只需使用评估中相同的两组即可。如果你正在进行的训练内容有更具功能性的命名 / 听者刺激和目标（“真实世界里的词”），那你每次最多可以训练 5 组关系，这取决于学生的参与和关注能力。关键是你能在一个教学环节中多次完成所有关系的训练。

**示例组：**

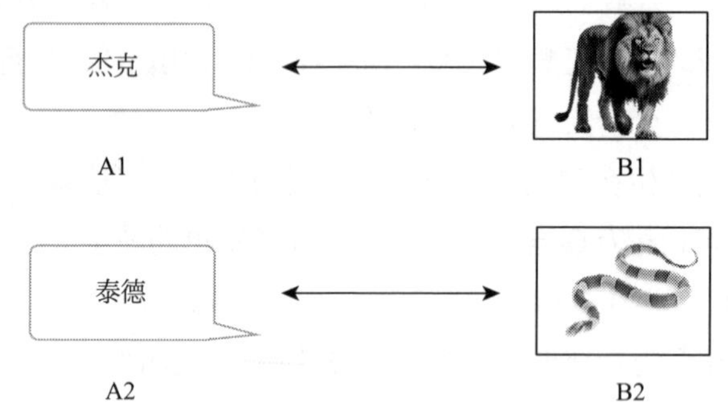


**步骤 1** 确定所有要训练的关系

具体的 $S^D$ 根据学生和任务要求而变化（如，指出在哪里、是哪个……）。

A1—B1（听者）："指杰克。"[选择]

B1—A1（命名）："它叫什么名字？"[杰克]

可选：B1—B1（配对）："配对杰克。"

A2—B2（听者）："泰德在哪？"[选择]

B2—A2（命名）："它是谁？"[泰德]

可选：B2—B2（配对）："配对泰德。"

**步骤 2** 随机训练所有关系

随机呈现关系——也就是说，不一定要在 A1 的听者反应回合之后进行 A1 的命名回合，等等。强化并使用适合学生的纠错程序。独立反应记为"I"，经过辅助/纠正的反应记为"P"。

例如：

回合 1：A1—B1（听者）："指杰克。"[选择]

回合 2：B2—A2（命名）："它是谁？"[泰德]

回合 3：可选：A1—A1（配对）："配对杰克。"

回合 4：A2—B2（听者）："指泰德。"[选择]

回合 5：B1—A1（命名）："它是谁？"[杰克]

回合 6：可选：A2—A2（配对）："配对泰德。"

用新的随机的顺序重复，直到每组关系的命名和听者要求有 3 个连续的正确反应。

| 日期 | A1B1<br>听者<br>杰克 | A2B2<br>听者<br>泰德 | A3B3 | A4B4 | B1A1<br>命名<br>杰克 | B2A2<br>命名<br>泰德 | B3A3 | B4A4 | B1B1<br>配对<br>杰克 | B2B2<br>配对<br>泰德 | B3B3 | B4B4 |
|---|---|---|---|---|---|---|---|---|---|---|---|---|
| | Ⓘ P | I Ⓟ | I P | I P | I Ⓟ | I Ⓟ | I P | I P | Ⓘ P | Ⓘ P | I P | I P |
| | Ⓘ P | Ⓘ P | I P | I P | Ⓘ P | Ⓘ P | I P | I P | Ⓘ P | Ⓘ P | I P | I P |
| | Ⓘ P | Ⓘ P | I P | I P | Ⓘ P | Ⓘ P | I P | I P | Ⓘ P | Ⓘ P | I P | I P |
| | Ⓘ P | Ⓘ P | I P | I P | Ⓘ P | Ⓘ P | I P | I P | Ⓘ P | Ⓘ P | I P | I P |

**步骤 3**　用一组新刺激评估（使用评估教学流程）

**相互蕴含的多重示范训练**

**要训练的关系：**

A—B：
B—A：
B—B（可选）：配对

继续，直到每组关系出现 3 个连续正确的 A—B 和 B—A 反应，然后用一组新刺激重新评估。

刺激组：

A1：
B1：

A2：
B2：

A3：
B3：

A4：
B4：

| 日期 | A1B1 | A2B2 | A3B3 | A4B4 | B1A1 | B2A2 | B3A3 | B4A4 | B1B1 | B2B2 | B3B3 | B4B4 |
|---|---|---|---|---|---|---|---|---|---|---|---|---|
| | I P | I P | I P | I P | I P | I P | I P | I P | I P | I P | I P | I P |
| | I P | I P | I P | I P | I P | I P | I P | I P | I P | I P | I P | I P |
| | I P | I P | I P | I P | I P | I P | I P | I P | I P | I P | I P | I P |
| | I P | I P | I P | I P | I P | I P | I P | I P | I P | I P | I P | I P |
| | I P | I P | I P | I P | I P | I P | I P | I P | I P | I P | I P | I P |
| | I P | I P | I P | I P | I P | I P | I P | I P | I P | I P | I P | I P |
| | I P | I P | I P | I P | I P | I P | I P | I P | I P | I P | I P | I P |
| | I P | I P | I P | I P | I P | I P | I P | I P | I P | I P | I P | I P |
| | I P | I P | I P | I P | I P | I P | I P | I P | I P | I P | I P | I P |
| | I P | I P | I P | I P | I P | I P | I P | I P | I P | I P | I P | I P |
| | I P | I P | I P | I P | I P | I P | I P | I P | I P | I P | I P | I P |
| | I P | I P | I P | I P | I P | I P | I P | I P | I P | I P | I P | I P |
| | I P | I P | I P | I P | I P | I P | I P | I P | I P | I P | I P | I P |
| | I P | I P | I P | I P | I P | I P | I P | I P | I P | I P | I P | I P |

## 教学流程：组合蕴含的多重示范训练

未通过组合蕴含测试的话，就对未通过的刺激组使用下面的教学流程。完成多重示范训练教学流程后，在相同的背景下，用新的一组刺激返回评估。如果你正在进行的训练内容是更为随意的关系，如评估教学流程中的关系，那么作为密集练习，只需使用评估中的相同两组即可。如果你正在进行的训练内容有更具功能性的命名 / 听者刺激和衍生交互式语言目标（“真实世界里的词”），那你每次可以最多训练 5 组关系，这取决于学生的参与和关注能力。关键是你能在一个教学环节中多次完成所有关系。

**示例组：**

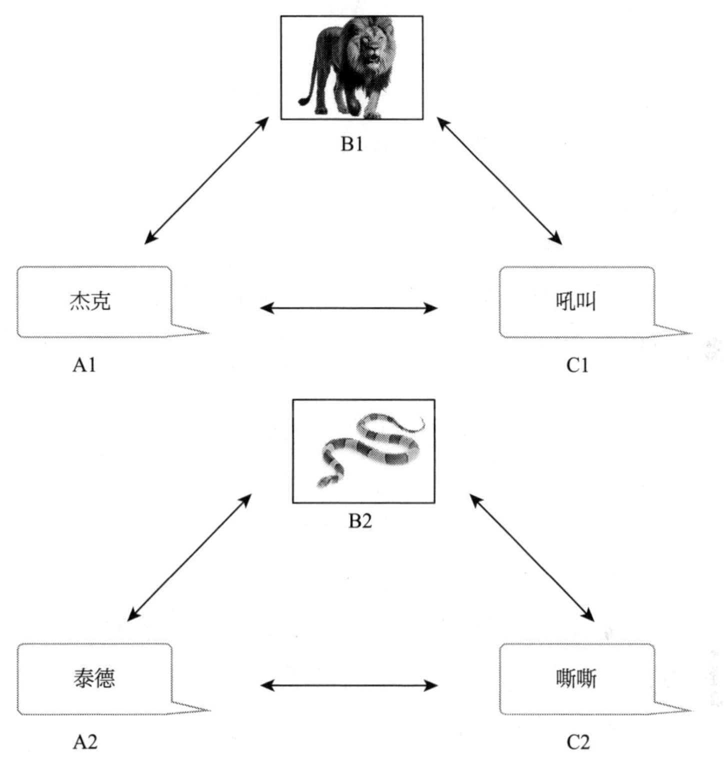


**步骤 1**　确定所有要训练的关系

具体的 $S^D$ 根据学生和任务要求而变化（如，指出在哪里、是哪个……）。

A1—B1（听者）："指杰克。"[ 选择 ]

B1—A1（命名）："它叫什么名字？"[ 杰克 ]

C1—B1（听者）："谁吼叫？"[ 选择 ]

B1—C1（命名）："它怎么叫？"[ 吼叫 ]

A1—C1（交互式语言）："杰克怎么叫？"[ 吼叫 ]

C1—A1（交互式语言）："谁吼叫？"[ 杰克 ]

A1—B1（听者）："泰德在哪？"[ 选择 ]

B1—A1（命名）:“它叫什么名字？”[泰德]

C1—B1（听者）:“谁嘶嘶叫？”[选择]

B1—C1（命名）:“它怎么叫？”[嘶嘶]

A1—C1（交互式语言）:“泰德怎么叫？”[嘶嘶]

C1—A1（交互式语言）:“谁嘶嘶叫？”[泰德]

**步骤 2** 随机训练所有关系

随机呈现关系——也就是说，不一定要在 A1 的听者反应回合之后进行 A1 的命名回合，等等。强化并使用适合学生的纠错程序。独立反应记为“I”，经过辅助/纠正的反应记为“P”。

例如:

回合 1：A1—B1（听者）:“指杰克。”[选择]

回合 2：B2—A2（命名）:“它是谁？”[泰德]

回合 3：C2—A2（交互式语言）:“谁嘶嘶叫？”[泰德]

回合 4：A2—B2（听者）:“指泰德。”[选择]

回合 5：A1—C1（交互式语言）:“杰克怎么叫？”[吼叫]

回合 6：B1—A1（命名）:“它是谁？”[杰克]

回合 7：C1—A1（交互式语言）:“谁吼叫？”[杰克]

回合 8：A2—C2（交互式语言）:“泰德怎么叫？”[嘶嘶]

用新的随机的顺序重复，直到每组关系的 A—C 和 C—A 有 2 个连续的正确反应。

| 日期 | A1B1 听者 杰克 | A2B2 听者 泰德 | B1A1 命名 杰克 | B2A2 命名 泰德 | C1B1 听者 吼叫 | C2B2 听者 嘶嘶 | B1C1 命名 吼叫 | B2C2 命名 嘶嘶 | A1C1 交互式语言 杰克这样叫 | A2C2 交互式语言 泰德这样叫 | C1A1 交互式语言 谁吼叫 | C2A2 交互式语言 谁嘶嘶叫 |
|---|---|---|---|---|---|---|---|---|---|---|---|---|
| | Ⓘ P | Ⓘ P | Ⓘ P | Ⓘ P | Ⓘ P | I Ⓟ | Ⓘ P | Ⓘ P | I Ⓟ | Ⓘ P | I Ⓟ | I Ⓟ |
| | Ⓘ P | Ⓘ P | Ⓘ P | Ⓘ P | Ⓘ P | I Ⓟ | Ⓘ P | Ⓘ P | Ⓘ P | I Ⓟ | Ⓘ P | Ⓘ P |
| | Ⓘ P | Ⓘ P | Ⓘ P | Ⓘ P | Ⓘ P | Ⓘ P | Ⓘ P | Ⓘ P | Ⓘ P | Ⓘ P | Ⓘ P | Ⓘ P |
| | Ⓘ P | Ⓘ P | Ⓘ P | Ⓘ P | Ⓘ P | I Ⓟ | Ⓘ P | Ⓘ P | Ⓘ P | Ⓘ P | Ⓘ P | Ⓘ P |

**步骤 3**　用一组新刺激评估（使用评估教学流程）

**相同的多重示范训练（组合蕴含）：**

刺激组：

A1：

B1：

C1：

A2：

B2：

C2：

**随机轮换复习 / 训练所有关系：**

A—B：

B—A：

C—B：

B—C：

A—C：

C—A：

继续，直到出现 8 个连续正确的 A—C 和 C—A 反应（每个关系有 2 个连续正确的反应），然后用一组新刺激重新评估。

| 日期 | A1B1 | A2B2 | B1A1 | B2A2 | C1B1 | C2B2 | B1C1 | B2C2 | A1C1 | A2C2 | C1A1 | C2A2 |
|---|---|---|---|---|---|---|---|---|---|---|---|---|
| | I P | I P | I P | I P | I P | I P | I P | I P | I P | I P | I P | I P |
| | I P | I P | I P | I P | I P | I P | I P | I P | I P | I P | I P | I P |
| | I P | I P | I P | I P | I P | I P | I P | I P | I P | I P | I P | I P |
| | I P | I P | I P | I P | I P | I P | I P | I P | I P | I P | I P | I P |
| | I P | I P | I P | I P | I P | I P | I P | I P | I P | I P | I P | I P |
| | I P | I P | I P | I P | I P | I P | I P | I P | I P | I P | I P | I P |
| | I P | I P | I P | I P | I P | I P | I P | I P | I P | I P | I P | I P |
| | I P | I P | I P | I P | I P | I P | I P | I P | I P | I P | I P | I P |
| | I P | I P | I P | I P | I P | I P | I P | I P | I P | I P | I P | I P |
| | I P | I P | I P | I P | I P | I P | I P | I P | I P | I P | I P | I P |
| | I P | I P | I P | I P | I P | I P | I P | I P | I P | I P | I P | I P |
| | I P | I P | I P | I P | I P | I P | I P | I P | I P | I P | I P | I P |
| | I P | I P | I P | I P | I P | I P | I P | I P | I P | I P | I P | I P |
| | I P | I P | I P | I P | I P | I P | I P | I P | I P | I P | I P | I P |

# 第四章

# 基于等同的教学

## 基于等同的教学的作用

当确定学习者能通过衍生相同 / 等同关系反应测试后（即使只是前面讨论的支持性测试），就可以用这些技能在其他情境中更有效地建立新反应，也就是可以使用基于等同的教学来快速教授新内容。但正如第一章里讨论的，牢记语言衍生的首要目标，我们要提醒实践者别把“内容”看得太重。我们很少规定具体的教学内容，我们认为，应该更关注每个学生的具体情况。例如，如果学生一家是体育迷，那么学习球队的标志和城市可能是扩展语言技能的非常实用和有用的方式。相反，如果教授某内容只是因为它在项目表上，那它就不太可能在自然环境中维持，也不太可能进一步建立更多的关系网络。

用基于等同的教学提供持续的机会来衍生反应，也会像操作一样加强并泛化相同关系框架——记住，关系框架不是一个“开 / 关”的命题，而是一种操作，可以像其他操作一样，通过强化历史以较高或较低的流利度和复杂度加强、泛化并展现。提供给学生衍生反应的机会越多越好（就是让他们自己“找出”答案），不要直接教他们反应。像其他操作一样，练习衍生可以提高速度和准确性——也就是说，它可以建立流利度。

在本书中，因为交互式语言对于对话的重要性，以及我们看到许多孤独症儿童学习了许多“死记硬背”的交互式语言反应，但却无法进行包含快速变化的刺激的对话，所以我们通常强调建立流畅的衍生交互式语言反应的重要性。显然，交互式语言能力对于语言发展至关重要。格雷尔和罗斯（2008）[83] 指出："通过让儿童进行更复杂的交互式语言，他们的感官通过他人的口语得以扩展；因此他们可以间接地体会别人说的话。复杂的交互式语言使他们能够了解天气、街区新来的朋友是谁、晚餐是什么、他人的最新信息甚至其他人的经历。"（第 183 页）我们认为，只有那些仅有一种反应的简单的初始交互式语言接句和类似的早期交互式语言技能（歌曲等），是直接教授的。我们认为，不应该把更复杂的交互式语言作为"交互式语言目标"来单独教授——相反，复杂的交互式语言应只在基于等同（或更广泛的关系框架）的教学程序中，在必要的辅助性多重示范训练中直接教授。另外，程序设计应把重点放在交互式语言上，因为衍生反应是从其他经过教授的关系中出现的。

但不是只有这些"对话"交互式语言（听觉 / 语言刺激之间的关系）是从基于等同的教学中衍生的。其实，文献中包含了许多视觉和听觉刺激之间，或者仅视觉刺激之间的衍生关系的例子——有充分的实验证据表明，采用基于等同的教学，可以有效地在各种情境中教授新内容。许多研究 [84] 都在样本配对程序中设置了相关的刺激来训练具体的制约区辨，然后进行衍生关系测试。在这些研究中，参与者（立即或在有限的测试之后）能够在新出现的关系测试中做出准确的反应，这表明参与者已经获得相关的关系反应技能。这些研究的一个主要特点是，都涉及对有限选择的关系反应进行训练（如 A—B 和 C—B），然后测试其他衍生关系（如 A—C）。成功完成基于等同的教学说明，对于那些有相关能力的人来说，这种训练设置具有潜在的生成性能力。除了早期语言技能 [85]，其他旨在提高交互式语言反应的技能还包括读写 [86]、姓名—面部配对 [87]、用活动计划表转换 [88]、地理环境 [89]、金钱技能 [90] 以及包括提要求（使用手语、图片交换沟通系统和语言沟通）在内的沟通技能 [91]。

考虑到所有可以通过基于等同的教学建立的关系框架的可能性，第一步是要弄清楚你到底想教什么！尽管我们强调，应当对交点行为而非具体内容保持关注，但我们毕竟需要教授一些在内容上具有功能性和相关性的东西。我们用一个例子来说明基于等同的教学的方法，包括听者反应（特征 / 功能 / 类别）（LRFFC[92]）。虽然我们将此作为一个单独的示例进行介绍，但我们建议在进行听者反应（特征 /

功能 / 类别）训练时考虑促进多重控制的目标，我们将在下文中进一步讨论。这个例子只是为了说明如何在基于等同的教学情境中测试衍生交互式语言。敏锐的行为分析师会发现这个例子中存在一些问题——请理解，因为我们是通过这个简单的例子来展示基于等同的教学方法如何与衍生关系反应评估同时进行的（参见技术附录[93]，了解支持性衍生关系反应和支持基于等同的教学的要素）。

**技术附录：支持基于等同的教学的要素**

正如在评估衍生关系反应那章中讨论的，有许多不同的训练和测试变量使展现等同的可能性增大或减小。我们关于实施基于等同的教学的建议与席林堡等人（2018）在听者反应（特征 / 功能 / 类别）训练后衍生交互式语言方面总结的策略一致。

1. 确保在训练的和衍生的关系中使用一致的情境线索（席林堡等人称其为“重叠 $S^D$”）。

2. 在等同范例中，确保预先计划好对训练和测试关系的系统安排。

3. 训练在测试中没有推衍出的关系（例如，如果在听者反应（特征 / 功能 / 类别）训练后未出现相关的命名和 / 或交互式语言关系，则训练这些关系）。

4. 如果一开始在特定的情境中没有展现等同，则跨刺激组使用多重示范训练。

例如辨别不同交通工具的特征。在熟悉的等同范例的 A—B—C 框架中，我们会建立如下的关系网：

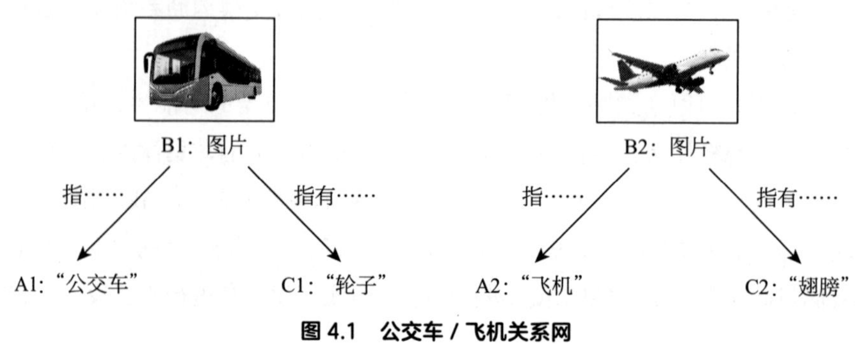


**图 4.1　公交车 / 飞机关系网**

根据学生情况，确定先教命名还是听者区辨。不论是哪个方向，首要任务都是教 A—B 和 C—B 关系，然后测试相互蕴含。在本例中，你可能会在听者反应（特征 / 功能 / 类别）中教授这个内容，并测试特征的命名（例如，“这部分是什么？”）——但是，学生应该已经知道特征的命名了，因此，这并不是一个真正的相互蕴含测试——这个测试只是在确保特征的命名是在 $S^D$“部分”的控制下。然后，混合复习 A—B 和 C—B 关系（如评估章节中所述，你可以跳过训练部分，只用维持步骤进行复习），并测试组合蕴含（A—C 和 C—A）。本例中，训练完听者反应（特征 / 功能 / 类别）的“目标”（“指有轮子的”和“指有翅膀的”）并复习了所有命名和听者关系后，就测试交互式语言关系，例如“什么有轮子 / 翅膀？”“公交车 / 飞机有什么？”（或接句“公交车 / 飞机有……”）。

学生应该能衍生出新的 A—C 和 C—A 关系，但如果不能，就重新训练混合的 A—B/C—B 关系，并再试一次。如果学生以前通过了组合蕴含测试，则不应该在他们能衍生出反应之前，对混合关系进行两次以上的复习。如果仍未衍生出反应，就一起教授所有的关系，然后拿出一组新的刺激重新开始——也就是像前一章一样提供多重示范训练。

本章中描述的教学流程，旨在为学习者提供建立基于等同的教学课程的框架，并为可能的学习内容领域提供建议。但是请不要被我们的建议所限制——几乎所有你以前认为是“交互式语言目标”的东西，都可以通过这种方式建立为衍生交互式语言。许多命名“目标”也可以（例如使用不同名称 / 同义词的命名项目，或命名非视觉刺激，如命名气味或声音），你也可以侧重于视觉关系。

## 使用基于等同的教学进行衍生交互式语言反应时的注意事项

正如前面提到的，上例中有一些明显的问题——如果问“什么有轮子？”时，学生回答“自行车”怎么办？问“什么有翅膀？”时，学生回答“鸟”怎么办？如果这些反应真的是新的，不是先前直接交互式语言教学的目标，而是从教过的不同的关系中衍生的结果，那很好，但你怎么知道呢？如果是以前教过的反应，你就必须根据正在进行的目标关系来辅助反应。在许多等同研究的基于选择的形式中，不会出现这些问题，但实际上，使用语言时确实会出现这些问题。这些问题在控制以往学习历史的研究中也不那么令人担忧，因为这些研究是在非常新颖的情境中用新刺激进行的，比如教狗的品种，或者学习者以前没有接触过的学术内容。但正如之前提到的，如果基于等同的教学的主要用途是快速扩展语言网络，那我们就应该使用相关的内容，这意味着学习者以前可能已经接触过其他教授的关系。

这一简单的例子说明了交互式语言是如何在教授的反应的基础上衍生的，但没有解决交互式语言反应的核心问题——大多数交互式语言反应受多种语言刺激控制[94]。为使交互式语言反应在对话中灵活流畅，学习者还必须能够在聚敛式和发散式控制下对各种语言刺激的组合做出反应[95]。例如，公交车有四个轮子，有雨刷，是一种交通工具，可以带你去学校。飞机有翅膀，是一种交通工具，可以飞，可以在机场找到它（而且有轮子！）。学习者必须能根据类别或其他特征区辨飞机和鸟（鸟不能载人，而飞机能），或根据各种特征区辨公交车和自行车。

因此，对于熟悉使用基于 VB-MAPP（语言行为里程碑评估和安置计划）和其他基于斯金纳语言行为工具的教学方法的人来说，我们建议语言 / 词汇扩展项目继续采用通常称为“思维导图（webbing）”[96]或“语言模块（verbal modules）”[97]的方法。我们会在下文讨论这个问题，但主要思想是使用不同的斯金纳“语言操作”（命名、听者反应、仿说甚至提要求），提供与单一刺激相关的回合。这通常可以在按特征、功能或类别来教授听者反应和命名刺激的特征、功能或类别的基本形式中进行，我们将在下面进一步介绍。下一步是移除物品 / 图片，提供衍生相关的交互式语言（或视觉关系，或命名）的机会。这是“语言行为”项目中的常见做法，我们只是建议在需要更系统的方法时，将重点放在交互式语言的衍生上。

如果以这种形式教学时，学生对测试 / 探测的交互式语言的反应良好，就不必严格测试每个可能的衍生。不过，通过给学生提供衍生反应的机会，你也在加强他们的泛化等同 / 相同关系框架技能，因此应该尽可能多地提供这样的机会。如果学生没有准确地用测试 / 探测的交互式语言回答，你就要抓住重点。如有必要，回到上一章描述的多重示范训练项目。

## 基于等同的教学教什么

从研究的关于用基于等同教学的教学流程教授不同学术技能的课题范围可以看出，可以解决的课题似乎是无限的。我们建议你运用你一直以来选择教学目标的常识，将重点放在学习者当前环境中常见的主题上，这很大程度上取决于他们的年龄、学校背景等。如果你的重点是扩展学习者的语言能力，以实现功能性、衍生性语言为目标，那么你应该选择教授关系的主题，这些主题可以在学习者与家人、老师和同龄人互动时，通过自然对话和活动得到维持和加强。

许多自然发生的活动和游戏都可以利用等同关系进行设置。下例旨在帮助你开始制定自己的活动（以及从可能使用的其他课程中选择相关活动）——对于这种语言能力水平的学生来说，使用他们感兴趣且在其直接环境中具有功能性的主题非常重要。任何对话可能都需要强大的衍生交互式语言能力，把重点放在学习者可能会参与对话的主题上是有益的。基于等同的教学目标的另一个选择是使用早期读的书或学习者课上使用的其他材料的内容、主题。通过教授与这些主题相关的各种制约区辨，提供衍生相关反应的机会，学习者的衍生能力会得到加强，并且更有可能衍生其他相关反应。通俗地说，学习者开始时“知道”得越多，就越有可能在他们知道的事情之间建立联系。

### 语言模块

如上所述，在基于听者反应（特征 / 功能 / 类别）的语言模块中提供衍生交互式语言和视觉关系的机会，是开始侧重扩展日常事务和活动的关系网的好起点。这种方法可以用于教授命名和听者反应的刺激，并增加这些刺激之间教授的关系的数量，然后测试衍生关系。

**语言模块示例**

可能的刺激物：汉堡、热狗、薯条、麦当劳、汽车、飞机、查克芝士餐厅、披萨。

制约区辨回合示例：

指吃的 [ 如，选汉堡 ]

这是什么？［“汉堡”］

这是什么 [ 指面包 ]？［“面包”］

指别的有面包的 [ 选热狗 ]

哪个有泡菜 / 生菜 / 西红柿？［选汉堡 ]

在哪儿买汉堡？［选麦当劳的图片 ]

在麦当劳还能买到什么？［选薯条 ]

我们怎么去麦当劳？［选汽车 ]

等学习者的各种反应。

测试衍生交互式语言关系示例：

汉堡：

——吃

——面包

——泡菜

麦当劳：

——汉堡

——薯条

测试可能的衍生的视觉关系：

——汉堡—麦当劳—薯条

——汉堡—热狗

**使用简单的游戏**

可以将简单的学前游戏改造成语言教学工具，就像在听者反应（特征 / 功能 / 类别）类型的教学课程中使用的刺激一样。关键是确定要教授的关系，以及从中可以衍生哪些关系，或可以转换哪些功能。

**听力宝盒：**这个游戏可以教学生衍生环境中的声音的命名，还可以利用你自己的环境 / 学生的家中的声音做一个更加个性化的版本。如下例：

A：物品名称（如“冰淇淋车”）

B：物品图片（如冰淇淋车的图片）

C：物品声音（如冰淇淋车放的音乐）

学生已经能展示 A—B 关系（对于物品名称的听者反应或命名，例如冰淇淋车）。然后教学生在播放声音（C）时选图片（B）。测 A—C 关系——他们能否命名声音？可以用声音以外的其他形式做类似的练习，如嗅觉或味觉。当然，这些反应可能不是真的衍生出来的，而是通过环境中的配对学习的，但这些仍然是加强关系模式中反应的很好的练习。你也可以练习在说名字时加入一个动作来加强功能转换（例如，说“冰淇淋车”时，假装舔冰淇淋；说“鸟”时，像鸟扇动翅膀一样扇动手臂），然后测试学习者在听到声音时是否会做出对应的动作。

**猫的帽子里有什么？（和其他猜谜游戏）：**在这些游戏中，选特定刺激（通常是各种常见的家庭用品）“藏起来”（如放在猫的帽子里），然后学习者必须猜该物品是什么。“猫的帽子里有什么？”使用打印的游戏卡提问（如，“它的开头是什么字母？”“它是软的吗？”）。但为确保在相同的模式下，这些内容多半会修改。在猜谜游戏中，关键是要确保学习者已经学习了必要的制约区辨，能衍生出答案，因此可以在玩游戏之前，先将问题与多个物品结合来预习一些技能。例如，勺子和牙刷是放在帽子里的物品，你要首先确保学习者已经学习了以下关系：

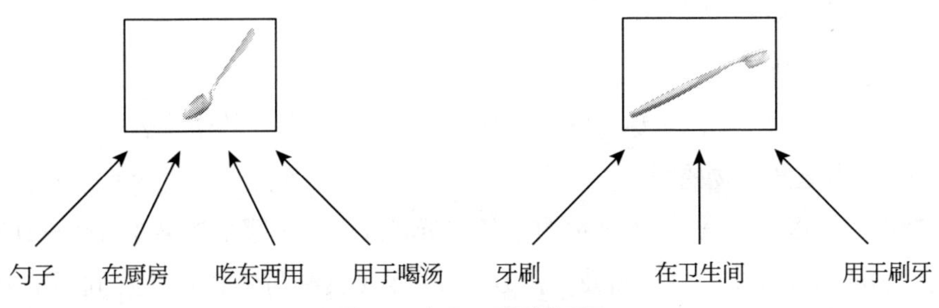


**图 4.2 勺子 / 牙刷关系网**

然后，你可以使用问题卡，例如“用它做什么？”或“在哪里能找到它？”。也就是说，教授一种关系时，比如“厨房”（A）与勺子本身（B）搭配，“勺子”（C）也与勺子（B）搭配，就可以测试“厨房”（A）和“勺子”（C）之间的衍生关系。这种游戏非常像训练之后立即测试衍生交互式语言的典型的听者反应（特征/功能/类别）教学，但更有趣！也可以修改这类游戏，由一个学习者（或教师）提供物品线索，另一个人根据线索猜。

**大动作游戏的功能转换**：任何涉及动作指令的游戏（如“红灯/绿灯”或“我说你做”）都可以根据先前的配对游戏改变指令，改成好玩的游戏。比如在“红灯/绿灯”游戏里，教“蓝色”等同于“红色”；可以在“我说你做”游戏里，编动作词（或动作的外来词、同义词）甚至视觉符号。也可以用棋盘游戏的旋转指针，教授指针落在两种颜色上时分别要做的特定动作（如，红色—鼓掌；蓝色—跳），用配对游戏建立与其他颜色的相同框架（如，红色—紫色—橙色；蓝色—黄色—绿色），然后测试指针落在其他颜色上时，学习者能否做出正确的动作。

### 创建主题性语言网络

研究交互式语言反应的关键原因之一是交互式语言对于对话的重要性，因此，教学习者可能会进行对话的主题相关的制约区辨是十分重要的。如果学习者对恐龙感兴趣，你可以搜索所有你能想到的与恐龙有关的图片（最好是与学习者一起）——恐龙、史前植物等的图片，并列出各种恐龙的“情况”——它们的名字、吃的食物种类，陆栖还是水栖（或飞行还是走路），等等。然后，进行上述的基于听者反应（特征/功能/类别）的教学，教授与每个“情况”相关的多种选择反应，教授每个刺激的多种“情况”。下例是在基于等同的教学形式中可能出现的情况：

A：恐龙名称

B：恐龙图片

C：恐龙吃的食物的名称（蕨类植物、肉类、沼泽草，随便什么！）

D：恐龙吃的食物的图片

然后，可以教授 A—B（名称的命名或听者反应——哪个是梁龙），C—D（食物的命名或听者反应——指树枝）和 D—B 关系（食物与恐龙配对）。随后，可以测试相互蕴含的命名 / 听者反应，也可以测试组合蕴含的衍生交互式语言反应，如 A—C（梁龙吃什么？）或 C—D 关系的新的听者反应（特征 / 功能 / 类别）（哪个吃树枝？）或 A—D 关系（梁龙吃哪个？）。当然，你也许会说："我的学习者已经知道所有关于恐龙的知识了！"正如前面提到的，多样性的问题与衍生的问题是不同的。这表明需要找学习者的同龄人喜欢的其他主题，这样该主题至少很可能引起同龄人的兴趣，因此可能是潜在的对话。

也可以用学习者课堂上的材料来进行主题性语言网络的学习，特别是在典型的教育环境中。例如，预习和学前班"圆圈时间"要读的书的内容相关的制约区辨，就很有用。如果知道要读《下雪天》，那么可以教书中刺激的制约区辨——手套、冬装、雪、树枝、靴子、人物彼得，等等。因此，举例来说，你可以用下面这些刺激来教授各种制约区辨。注意，为建立制约区辨，还应该有其他书籍或主题的各种刺激作为干扰刺激——在本例中，可能是一些热的或与热带相关的东西，如泳衣、海滩等。

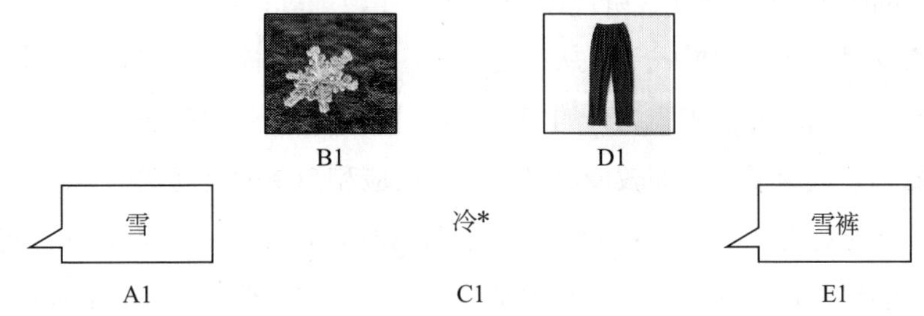


**图 4.3　雪 / 雪裤关系网**

*注：在这个特殊例子中，学生应该已经能够根据感觉命名物品为冷 / 热。

如果教 A—B（指雪）、C—B（哪个是冷的）、E—D（指雪裤）和 C—D（冷的时候穿哪个），就可以提供机会衍生相关的交互式语言反应，比如 A—C（雪是什么感觉？）、C—E（冷的时候应该穿什么？）、A—E（下雪的时候应该穿什么？）以及相关的听者和命名反应。可以看出，很容易用几本书向这个关系网添加更多的制约区辨，而且教的制约区辨越多，可以衍生的反应也就越多。

**没有出现相关反应怎么办**

学习者在一个情境中展现出等同/相同关系框架技能，并不意味着在另一个情境中也可以——如果学习者在基于等同的教学中没有通过组合蕴含的测试，则需要返回前一章描述的多重示范训练。你也许还会发现，学习者在他们喜欢的主题中很容易衍生出反应，但在其他主题中却不能。这只是表明他们可能学习自己喜欢的主题的历史较长，如前一章所述，可能需要用新的情境和可能的抽象刺激进行额外的多重示范训练，以提高泛化能力。

基于等同的教学不能成功促进衍生反应的原因有很多。我们发现，回到关系框架定义本身，对于指导我们在教学和学生技能中要考察的线索非常有帮助：关系框架是泛化的、任意应用的、受情境控制的衍生关系反应模式。

**泛化**：这可能是最容易解决的了，在基于等同的教学中失败可能只是因为该能力没有充分泛化到多种情境中。我们建议在多个不同的功能情境中提供多重示范训练，同时用更抽象和任意的刺激提供多重示范训练，如前一章所述。

**任意应用**：在相同模式下，从特定到任意的转变可能有些困难，因为这是关系第一次基于物理属性相同之外的情形。在过分关注衍生关系之前，加强任意制约区辨能力是很重要的，即教授命名、听者反应和简单的交互式语言。增加任意视觉—视觉配对关系网（如关联配对）也可能是有帮助的。正如我们之前指出的，除非学生能够轻松快速地学习全新的制约区辨，我们甚至不建议评估他们的衍生关系反应能力。

**受情境控制**：在训练中是否建立了恰当且一致的情境线索？正如上一章所讨论的，特定关系模式的情境线索是通过多重示范训练建立的，因此可以引起恰当的关系反应。这个问题与相同以外的关系模式直接相关。例如，线索“是”或“匹配”清楚表明了相同模式。但听者反应（特征/功能/类别）训练中的许多线索表明的是不同的模式（如等次或包含），而学生对这些模式还没有充足的学习历史（见下文）。

**关系反应模式/框架**：是在相同模式下进行，还是存在其他框架的元素？必须认识到，严格来说，许多常见的“听者反应（特征 / 功能 / 类别）”和交互式语言的内容可能并不代表等同关系。例如，被认为是整体一部分的类别和特征最终应形成等次关系——公交车和飞机都是交通工具，但不是所有的交通工具都是公交车或飞机；公交车有轮子，但轮子“没有”公交车。可以用关系框架理论对这种关系进行详细分析，正如第一章中提到的（我们会在以后的书中展开），不仅是关系的多种模式，还有关系之间的相互作用。不过在早期语言发展中，这些常见的特征和类别基本上确实是从等同关系开始的。年纪很小的一般发展儿童以及孤独症患者都能辨别物品的类别和特征，并往往能在根据真正的等次关系做出反应之前，就对这些关系做出反应，就像它们是等同的一样，正如在我们的类组包含研究[98]中看到的。但如果你对基于等同的教学中的衍生有疑问，那就想想你是否真的在相同框架内进行以及你用的情境线索。如前所述，确保在训练和测试中使用相似的线索非常重要。例如，如果教学生被问到“什么有轮子？”时，选汽车，那你得确保在交互式语言测试中问“什么东西有轮子？”（经过训练的听者反应 [ 特征 / 功能 / 类别 ] 和命名关系，A：“有轮子”→ B：汽车；B：汽车→ C：“汽车”和 A 的测试关系：“有轮子”→ C：“汽车”）。这确保了线索“有轮子”在训练和测试关系中都明确存在，而不是其他线索，比如“在哪儿能找到轮子？”或“轮子在……上”。你也可以先建立更清楚地包含相同线索的关系，如“匹配”——教袜子和鞋子匹配，测试“什么和袜子匹配？”。

除了关系框架的问题，如果你在建立衍生关系反应方面十分困难，我们建议你回到流程图中，检查其他需要加强的必备技能。如前所述，共同关注至关重要。正如介绍中提到的，进入听者反应（特征 / 功能 / 类别）的基于等同的教学时，在不同的刺激源控制下，灵活的命名特别关键。在这些其他技能方面打下坚实的基础，会使学习者以后的关系框架技能运用得更流畅。

# 基于等同的教学示例和数据表

## 实施基于等同的教学：基础程序

**步骤 1** 确定内容范围

进行基于等同的教学的第一步是弄清楚你到底要教什么！为了说明基于等同的教学的过程，我们将使用一个常见的听者反应（特征 / 功能 / 类别）训练示例（“教什么”请参见下一节）。虽然将其作为一个单独的例子进行说明，但正如我们接下来要讨论的，我们建议以“语言模块”的形式来进行听者反应（特征 / 功能 / 类别）训练，并考虑促进多重控制的目标。这个例子只是为了说明如何在基于等同的教学情境中测试衍生交互式语言。敏锐的行为分析师会很快发现这个例子中存在一些问题——我们通过这个简单的例子来说明基于等同的教学是如何与上一个例子中的衍生关系反应评估并行的。

内容：交通工具的特征

**步骤 2** 确定刺激组的成员

一、一般来说，所选择主题的刺激组成员是什么？

可以从 B 刺激开始考虑，即“中心”或“节点”，比如物品（如汽车、飞机），然后确定与之相关的信息，如位置、功能、价值等，然后将其作为 A 和 C（或更多）刺激。三个刺激中至少有一个是非语言刺激（最容易想到的通常是 B 刺激）。为了说明问题，我们将 C 刺激作为已知刺激，将其作为与 A 刺激形成交互式语言关系的刺激。一般来说，B 是物品的图片，A 是功能，C 是物品的名称。

A: 交通工具的特征

B: 交通工具的图片

C: 交通工具的名称

二、你选择的类别的至少两个分组是什么？

分组：（1） 汽车

（2） 飞机

（3）__________

根据上面确定的刺激的整体类型，确定每个分组的 A、B、C 刺激的至少一个具体内容。

A1：　“有轮子”　　　　A2：　“有翅膀”

B1：　汽车图片　　　　B2：　飞机图片

C1：　“汽车”　　　　C2：　“飞机”

**步骤 3**　制订教学计划

根据学生情况，选择先教命名还是听者区辨。不论是哪个方向，你的第一个任务都是教 A—B 和 C—B 关系，然后测试相互蕴含。在本例中，可能会在听者反应（特征 / 功能 / 类别）情境中教授这个内容，并测试特征的命名——但是，学生应该已经知道特征本身的命名，因此这不是一个真正的相互蕴含测试——测试只是确保特征的命名是在 $S^D$ 的控制下（多重控制下的交互式语言和命名）。然后，混合复习 A—B 和 C—B 关系（如评估部分所述，你可以跳过这部分的训练，用维持复习），并测试组合蕴含（A—C）。本章末尾的相关数据表 / 计划有刺激和指令的说明。

学生应该能衍生出新的 A—C 关系，但如果不能，就重新训练混合的 A—B/C—B 关系，然后再次进行测试。如果学生以前通过了组合蕴含测试，则不应该在他们能衍生出反应之前，对混合关系进行两次以上的复习。如果仍未衍生出反应，就一起教授所有的关系，然后用一组新的刺激重新开始。

下一页的数据表说明了用于训练初始关系、测试组合蕴含衍生关系的交互式语言回合类型。

## 基于等同的教学项目：交通工具的特征

刺激组：
A1（交通工具的特征）："有轮子"
B1（交通工具的图片）：汽车
C1（交通工具的名称）："汽车"

A2（交通工具的特征）："有翅膀"
B2（交通工具的图片）：飞机
C2（交通工具的名称）："飞机"

**1. 训练听者反应 / 衍生命名**

1.1 训练 A → B 哪个有 [A]？

标准 = 跨样本连续 6 个正确反应

1.2 测试 B → A 这个有什么？［拿着图片，指 B 的特征］

标准 = 跨样本 5/6 正确反应

| 日期 | 训练 A1 → B1<br>哪个有轮子？ | | | | | | | | 训练 A2 → B2<br>哪个有翅膀？ | | | | | | | | 测试<br>B1 → A1<br>命名轮子 | | 测试<br>B2 → A2<br>命名翅膀 | |
|---|---|---|---|---|---|---|---|---|---|---|---|---|---|---|---|---|---|---|---|---|
| | + – | + – | + – | | + – | + – | + – | | + – | + – | + – | | + – | + – | + – | | + – | + – | + – | + – |
| | + – | + – | + – | | + – | + – | + – | | + – | + – | + – | | + – | + – | + – | | + – | | + – | |

**2. 组合蕴含：衍生交互式语言**

2.1 复习关系 A → B 哪个有 [A]？C → B 指 [B]？

标准 = 跨样本连续 12 个正确反应（每个样本有 3 个）**可选**

2.2 检查混合维持 A → B，C → B，不给具体反馈：

标准 = 跨样本连续 8 个正确反应

2.3 测试 A → C（哪个有 [A]）和 C → A（[C] 有什么？）：

标准 = 跨样本 7/8 正确反应

| 日期 | 复习 A1 → B1<br>哪个有轮子？ | | | | 复习 C1 → B1<br>指汽车 | | | | 复习 A2 → B2<br>哪个有翅膀？ | | | | 复习 C2 → B2<br>指飞机 | | | | | | | |
|---|---|---|---|---|---|---|---|---|---|---|---|---|---|---|---|---|---|---|---|---|
| | + – | + – | + – | | + – | + – | + – | | + – | + – | + – | | + – | + – | + – | | | | | |
| | + – | + – | + – | | + – | + – | + – | | + – | + – | + – | | + – | + – | + – | | | | | |
| | + – | + – | + – | | + – | + – | + – | | + – | + – | + – | | + – | + – | + – | | | | | |

| 日期 | 维持 A1 → B1<br>哪个有轮子? | | | 维持 C1 → B1<br>指汽车 | | | 维持 A2 → B2<br>哪个有翅膀? | | | 维持 C2 → B2<br>指飞机 | | | 测试<br>AC1<br>轮子<br>—<br>汽车 | 测试<br>AC2<br>翅膀<br>—<br>飞机 | 测试<br>CA1<br>汽车<br>—<br>轮子 | 测试<br>CA2<br>飞机<br>—<br>翅膀 |
|---|---|---|---|---|---|---|---|---|---|---|---|---|---|---|---|---|
| | +<br>− | +<br>− | | +<br>− | +<br>− | | +<br>− | +<br>− | | +<br>− | +<br>− | | +<br>− | +<br>− | +<br>− | +<br>− |
| | +<br>− | +<br>− | | +<br>− | +<br>− | | +<br>− | +<br>− | | +<br>− | +<br>− | | +<br>− | +<br>− | +<br>− | +<br>− |
| | | | | | | | | | | | | | | | | |
| | +<br>− | +<br>− | | +<br>− | +<br>− | | +<br>− | +<br>− | | +<br>− | +<br>− | | +<br>− | +<br>− | +<br>− | +<br>− |
| | +<br>− | +<br>− | | +<br>− | +<br>− | | +<br>− | +<br>− | | +<br>− | +<br>− | | +<br>− | +<br>− | +<br>− | +<br>− |

## 基于等同的教学项目：衍生听者反应

**1. 训练命名 / 衍生听者反应**

1.1 训练 B → A[ 拿着 B ]:

标准 = 跨样本连续 6 个正确反应

1.2 测试 A → B [A]？

标准 = 跨样本 5/6 正确反应

刺激组:

A1（______）:

B1（______）:

C1（______）:

A2（______）:

B2（______）:

C2（______）:

| 日期 | 训练 B1 → A1 | | | | | | | | 训练 B2 → A2 | | | | | | | | 测试 A1 → B1: | | 测试 A2 → B2: | |
|---|---|---|---|---|---|---|---|---|---|---|---|---|---|---|---|---|---|---|---|---|
| | + – | + – | + – | | + – | + – | + – | | + – | + – | + – | | + – | + – | + – | | + – | + – | + – | + – |
| | + – | + – | + – | | + – | + – | + – | | + – | + – | + – | | + – | + – | + – | | + – | | + – | |
| | + – | + – | + – | | + – | + – | + – | | + – | + – | + – | | + – | + – | + – | | | | | |
| | + – | + – | + – | | + – | + – | + – | | + – | + – | + – | | + – | + – | + – | | + – | + – | + – | + – |
| | + – | + – | + – | | + – | + – | + – | | + – | + – | + – | | + – | + – | + – | | + – | | + – | |
| | + – | + – | + – | | + – | + – | + – | | + – | + – | + – | | + – | + – | + – | | | | | |

**2. 训练命名 / 衍生听者反应 2**

2.1 训练 B → C“[ 拿着 B]？”

标准 = 跨样本连续 6 个正确反应

2.2 检查维持 B → C，不给具体反馈：

标准 = 跨样本连续 6 个正确反应

2.3 测试 C → B“[C]？”

标准 = 跨样本 5/6 正确反应

| 日期 | 训练 C1 → B1 | | | | | | | | 训练 C2 → B2 | | | | | | | | 测试 B1 → C1： | | 测试 B2 → C2： | |
|---|---|---|---|---|---|---|---|---|---|---|---|---|---|---|---|---|---|---|---|---|
| | + − | + − | + − | | + − | + − | + − | | + − | + − | + − | | + − | + − | + − | | + − | + − | + − | + − |
| | + − | + − | + − | | + − | + − | + − | | + − | + − | + − | | + − | + − | + − | | + − | | + − | |
| | + − | + − | + − | | + − | + − | + − | | + − | + − | + − | | + − | + − | + − | | | | | |
| | + − | + − | + − | | + − | + − | + − | | + − | + − | + − | | + − | + − | + − | | + − | + − | + − | + − |
| | + − | + − | + − | | + − | + − | + − | | + − | + − | + − | | + − | + − | + − | | + − | | + − | |
| | + − | + − | + − | | + − | + − | + − | | + − | + − | + − | | + − | + − | + − | | | | | |

**3. 组合蕴含：衍生交互式语言**

**3.1** 复习关系 B → A________？B → C________？

标准 = 跨样本连续 12 个正确反应（每个样本有 3 个）**可选**

**3.2** 检查混合维持 B → A，B → C，不给具体反馈

标准 = 跨样本连续 8 个正确反应

**3.3** 测试 A → C（________？）和 C → A（________？）

标准 = 跨样本 7/8 正确反应

| 日期 | 复习 B1 → A1 | | | | 复习 B1 → C1 | | | | 复习 B2 → A2 | | | | 复习 B2 → C2 | | | | | | | |
|---|---|---|---|---|---|---|---|---|---|---|---|---|---|---|---|---|---|---|---|---|
| | + − | + − | + − | | + − | + − | + − | | + − | + − | + − | | + − | + − | + − | | | | | |
| | + − | + − | + − | | + − | + − | + − | | + − | + − | + − | | + − | + − | + − | | | | | |
| | + − | + − | + − | | + − | + − | + − | | + − | + − | + − | | + − | + − | + − | | | | | |
| | + − | + − | + − | | + − | + − | + − | | + − | + − | + − | | + − | + − | + − | | | | | |

| 日期 | 维持 B1 → A1 | | | 维持 B1 → C1 | | | 维持 B2 → A2 | | | 维持 B2 → C2 | | | 测试 AC1 | 测试 AC2 | 测试 CA1 | 测试 CA2 |
|---|---|---|---|---|---|---|---|---|---|---|---|---|---|---|---|---|
| | +<br>– | +<br>– | | +<br>– | +<br>– | | +<br>– | +<br>– | | +<br>– | +<br>– | | +<br>– | +<br>– | +<br>– | +<br>– |
| | +<br>– | +<br>– | | +<br>– | +<br>– | | +<br>– | +<br>– | | +<br>– | +<br>– | | +<br>– | +<br>– | +<br>– | +<br>– |
| | | | | | | | | | | | | | | | | |
| | +<br>– | +<br>– | | +<br>– | +<br>– | | +<br>– | +<br>– | | +<br>– | +<br>– | | +<br>– | +<br>– | +<br>– | +<br>– |
| | +<br>– | +<br>– | | +<br>– | +<br>– | | +<br>– | +<br>– | | +<br>– | +<br>– | | +<br>– | +<br>– | +<br>– | +<br>– |

## 基于等同的教学项目：训练听者反应

**1. 训练听者反应 / 衍生命名**

1.1 训练 A → B__________[A]？

标准 = 跨样本连续 6 个正确反应

1.2 测试 B → A__________[B]？

标准 = 跨样本 5/6 正确反应

刺激组：

A1（________）：

B1（________）：

C1（________）：

A2（________）：

B2（________）：

C2（________）：

| 日期 | 训练 A1 → B1 | | | | | | | | 训练 A2 → B2 | | | | | | | | 测试 B1 → A1： | | 测试 B2 → A2： | |
|---|---|---|---|---|---|---|---|---|---|---|---|---|---|---|---|---|---|---|---|---|
| | + − | + − | + − | | + − | + − | + − | | + − | + − | + − | | + − | + − | + − | | + − | + − | + − | + − |
| | + − | + − | + − | | + − | + − | + − | | + − | + − | + − | | + − | + − | + − | | + − | | + − | |
| | + − | + − | + − | | + − | + − | + − | | + − | + − | + − | | + − | + − | + − | | | | | |
| | + − | + − | + − | | + − | + − | + − | | + − | + − | + − | | + − | + − | + − | | + − | + − | + − | + − |
| | + − | + − | + − | | + − | + − | + − | | + − | + − | + − | | + − | + − | + − | | + − | | + − | |
| | + − | + − | + − | | + − | + − | + − | | + − | + − | + − | | + − | + − | + − | | | | | |

**2. 训练听者反应 / 衍生命名 2**

2.1 训练 C → B“__________[C]？”

标准 = 跨样本连续 6 个正确反应

2.2 检查维持 C → B，不给具体反馈

标准 = 跨样本连续 6 个正确反应

2.3 测试 B → C“__________[B]？”

标准 = 跨样本 5/6 正确反应

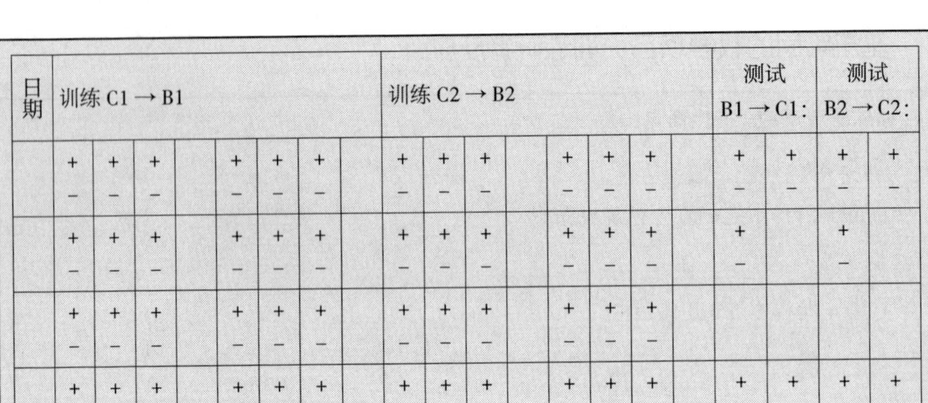

| 日期 | 训练 C1 → B1 | | | | | | | | 训练 C2 → B2 | | | | | | | | 测试 B1 → C1： | | 测试 B2 → C2： | |
|---|---|---|---|---|---|---|---|---|---|---|---|---|---|---|---|---|---|---|---|---|
| | + – | + – | + – | | + – | + – | + – | | + – | + – | + – | | + – | + – | + – | | + – | + – | + – | + – |
| | + – | + – | + – | | + – | + – | + – | | + – | + – | + – | | + – | + – | + – | | + – | | + – | |
| | + – | + – | + – | | + – | + – | + – | | + – | + – | + – | | + – | + – | + – | | | | | |
| | + – | + – | + – | | + – | + – | + – | | + – | + – | + – | | + – | + – | + – | | + – | + – | + – | + – |
| | + – | + – | + – | | + – | + – | + – | | + – | + – | + – | | + – | + – | + – | | + – | | + – | |
| | + – | + – | + – | | + – | + – | + – | | + – | + – | + – | | + – | + – | + – | | | | | |

**3. 组合蕴含：衍生交互式语言**

3.1 复习关系 A → B ________？，C → B ________？

标准 = 跨样本连续 12 个正确反应（每个样本有 3 个）** **可选**

3.2 检查混合维持 A → B，C → B，不给具体反馈

标准 = 跨样本连续 8 个正确反应

3.3 测试 A → C（________）和 C → A（________？）

标准 = 跨样本 7/8 正确反应

| 日期 | 复习 A1 → B1 | | | | 复习 C1 → B1 | | | | 复习 A2 → B2 | | | | 复习 C2 → B2 | | | | | | | |
|---|---|---|---|---|---|---|---|---|---|---|---|---|---|---|---|---|---|---|---|---|
| | + – | + – | + – | | + – | + – | + – | | + – | + – | + – | | + – | + – | + – | | | | | |
| | + – | + – | + – | | + – | + – | + – | | + – | + – | + – | | + – | + – | + – | | | | | |
| | + – | + – | + – | | + – | + – | + – | | + – | + – | + – | | + – | + – | + – | | | | | |
| | + – | + – | + – | | + – | + – | + – | | + – | + – | + – | | + – | + – | + – | | | | | |

| 日期 | 维持 A1 → B1 | | | 维持 C1 → B1 | | | 维持 A2 → B2 | | | 维持 C2 → B2 | | | 测试 AC1 | 测试 AC2 | 测试 CA1 | 测试 CA2 |
|---|---|---|---|---|---|---|---|---|---|---|---|---|---|---|---|---|
| | + − | + − | | + − | + − | | + − | + − | | + − | + − | | + − | + − | + − | + − |
| | + − | + − | | + − | + − | | + − | + − | | + − | + − | | + − | + − | + − | + − |
| | | | | | | | | | | | | | | | | |
| | + − | + − | | + − | + − | | + − | + − | | + − | + − | | + − | + − | + − | + − |
| | + − | + − | | + − | + − | | + − | + − | | + − | + − | | + − | + − | + − | + − |

# 参考文献


1. E.g.,

Hart, B.M., & Risley, T.R. (1968). Establishing use of descriptive adjectives in the spontaneous speech of disadvantaged preschool children. *Journal of Applied Behavior Analysis*, 1(2), 109–20. doi:10.1901/jaba.1968.1–109

Risley, T. R. (1968). The effects and side effects of punishing the autistic behaviors of a deviant child. *Journal of Applied Behavior Analysis*, 1(1), 21–34. doi:10.1901/jaba.1968.1–21

Schreibman, L., & Carr, E.G. (1978). Elimination of echolalic responding to questions through the training of a generalized verbal response. *Journal of Applied Behavior Analysis*, 11(4), 453–63. doi:10.1901/jaba.1978.11–453.

Schumaker, J., & Sherman, J.A. (1970). Training generative verb usage by imitation and reinforcement procedures. *Journal of Applied Behavior Analysis*, 3(4), 273–87. dol: 10.1901/jaba.1970–3–273.

Wheeler, A.J., & Sulzer, B. (1970). Operant training and generalization of a verbal response form in a speech–deficient child. *Journal of Applied Behavior Analysis*, 3(2), 139–47. doi:10.1901/jaba.1970.3–139.

Wolf, M., Risley, T., & Mees, H. (1964). Application of operant conditioning techniques to the behavior problems of an autistic child. *Behavior Research and Therapy*, 3, 305–312. Retrieved from http://www.sciencedirect.com/science/article/pii/0005796763900457.

2. California Departments of Education and Developmental Services. (1997). *Best practices for designing and delivering effective programs for individuals with autistic spectrum disorders.*

Sacramento, CA: California Department of Education.

New York State Department of Health. (1999). *Clinical practice guideline: Report of the recommendations. Autism/pervasive developmental disorders, assessment and intervention for young children.* Albany, New York: New York State Department of Health.

Maine Administrators of Services for Children with Disabilities. (2000). *Report of the Maine Administrators of Services for Children with Disabilities (MADSEC) autism task force.*

National Autism Center. (2009). *National standards report.* Massachusetts: National Autism Center.

National Research Council. (2001). *Educating children with autism* (p. 307). Washington, DC: Committee on Educational Interventions for Children with Autism, National Academies Press.

3. Lovaas, O.I. (1987). Behavioral treatment and normal educational and intellectual functioning in young autistic children. *Journal of Consulting and Clinical Psychology*, 55(1), 3–9. doi:10.1037/0022-006X.55.1.3.

4. E.g.,

Barbera, M.L., & Rasmussen, T. (2007). *The verbal behavior approach: How to teach children with autism and related disorders.* Philadelphia, PA: Jessica Kingsley Publishers.

Greer, R.D., & Ross, D.E. (2008). *Verbal behavior analysis: Inducing and expanding new verbal capabilities in children with language delays.* New York: Allyn & Bacon.

Partington. J.W. (2006). *The assessment of basic language and learning skills – revised (the ABLLS-R).* Pleasant Hill, CA: Behavior Analysts, Inc.

Sundberg, M.L. (2008). VB-MAPP: *Verbal behavior milestones assessment and placement program – protocol.* Concord, CA: AVB Press.

5. Skinner, B.F. (1957). *Verbal behavior.* New York: Appleton Century Crofts.

6. Carbone, V.J. (2013). The establishing operation and teaching verbal behavior. *Anal Verbal Behav*, 29(1), 45–9. Retrieved from http://www.ncbi.nlm.nih.gov/pmc/articdes/PMC3659491/.

7. Sundberg, M., & Partington, J.W. (1999). The need for both discrete trial and natural environment training for children with autism. In P. M. Ghezzi, L.W. Wiliams, & J.E. Carr (Eds.), *Autism: Behavior analytic perspectives* (pp. 139–156). Reno, NV: Context Press.

8. E.g.,

Butter, E.M., Mulick, J.A., & Metz, B. (2006). Eight case reports of learning recovery in children with pervasive developmental disorders after early intervention. *Behavioral Interventions*, 21(4), 227–243. doi:10.1002/bin.225.

Perry, R., Cohen, I., & De–Carlo, R. (1995). Case study: Deterioration, autism, and recovery in two siblings. *Journal of the American Academy of Child & Adolescent Psychiatry*, 34(2), 232–237. doi:10.1097/00004583–199502000–00019.

McEachin, J. J., Smith, T., & Lovaas, O.I. (1993). Long–term outcome for children with autism who received early intensive behavioral treatment. *American Journal of Mental Retardation*, 97(4), 359–372.

9. E.g.,

Sautter, R. A., & LeBlanc, L. A. (2006). Empirical applications of skinner's analysis of verbal behavior in humans. *The Analysis of Verbal Behavior*, 22, 35–48. Retrieved from http://www.ncbi.nlm.nih.gov/pmc/articles/PMC2774593/.

Williams, G., & Greer, R.D. (1993). A comparison of verbal–behavior and linguistic–communication curricula for training developmentally delayed adolescents to acquire and maintain vocal speech. *Behaviorology*, 1, 31–46.

10. Malott, R. W. (2003). Behavior analysis and linguistic productivity. *The Analysis of Verbal Behavior*, 19, 11–18. Retrieved from http://www.ncbi.nlm.nih.gov/pmc/articles/PMC2755422/.

Stewart, I., McElwee, J., & Ming, S. (2013). Language generativity, response generalization, and derived relational responding. *Anal Verbal Behav*, 29(1), 137–55. Retrieved from http://www.ncbi.nlm.nih.gov/pmc/articles/PMC3659503/.

11. Dymond, S., & Roche, B. (2013). *Advances in relational frame theory: Research & application*. Oakland, CA: New Harbinger Publications.

Hayes, S. C., Barnes-Holmes, D., & Roche, B. (2001). *Relational frame theory: A post-Skinnerian account of human language and cognition*. New York: Plenum Press.

12. E.g.,

Hayes, S. C., Fox, E., Gifford, E., Wilson, K.G., Barnes-Homes, D., & Healy, O. (2001). Derived relational responding as learned behavior. In S. C. Hayes, D. Barnes-Holmes, & B. Roche (Eds.), *Relational frame theory: A post-skinnerian account of human language and cognition*. New York: Plenum Press.

Reese, H. W. (1968). *The perception of stimulus relations: Discrimination learning and transposition*. New York, NY: Academic Press.

Stewart, I., & McElwee, J. (2009). Relational responding and conditional discrimination procedures: An apparent inconsistency and clarification. *The Behavior Analyst*, 32(2), 309-17. Retrieved from http://www.ncbi.nlm.nih.gov/pmc/articles/PMC2778812/.

13. Sidman, M. (1971). Reading and auditory-visual equivalences. *Journal of Speech and Hearing Research*, 14(1), 5-13. doi:10.1044/jshr.1401.05.

Sidman, M. (1994). *Equivalence relations and behavior: A research story*. Boston, MA: Authors Cooperative.

Sidman, M. (2000). Equivalence relations and the reinforcement contingency. *Journal of the Experimental Analysis of Behavior*, 74(1), 127-146. doi:10.1901/jeab.2000.74-127.

14. Lipkens, R., Hayes, S.C., & Hayes, L.J. (1993). Longitudinal study of the development of derived relations in an infant. *Journal of Experimental Child Psychology*, 56(2), 201-239. doi:10.1006/jecp.1993.1032.

Luciano, C., Gomer-Becerra, I., & Rodriguez-Valverde, M. (2007). The role of multiple-exemplar training and naming in establishing derived equivalence in an infant, *Journal of the Experimental*

*Analysis of Behavior*, 87 (3), 349–365. doi:10.1901/jeab.2007.8–06.

15. E.g., Devany, J.M., Hayes, S.C., & Nelson, R.O. (1986). Equivalence class formation in language–able and language–disabled children. *J Exp Anal Behav*, 46 (3), 243–57. doi:10.1901/jeab.1986.46–243.

16. Kishita, N., Ohtsuki, T., & Stewart, I. (2013). The training and assessment of relational precursors and abilities (TARPA): A follow–up study with typically developing children. *Journal of Contextual Behavioral Science*, 2, 15–21. doi:10.1016/j.jcbs.2013.01.001.

    Moran, L., Stewart, I., McElwee, J., & Ming, S. (2010). Brief report: The training and assessment of relational precursors and abilities (TARPA): A preliminary analysis. *J Autism Dev Disord*, 40 (9), 1149–53. doi:10.1007/s10803–010–0968–0.

    Moran, L., Stewart, I., McElwee, J., & Ming, S. (2014). Relational ability and language performance in children with autism spectrum disorders and typically developing children: A further test of the TARPA protocol. *The Psychological Record*, 64 (2), 233–251. doi:10.1007/s40732–014–0032–0.

    Moran, L., Walsh, L., Stewart, I., McElwee, J., & Ming, S. (2015). Correlating derived relational responding with linguistic and cognitive ability in children with autism spectrum disorders. *Research in Autism Spectrum Disorders*, 19, 32–43. doi:10.1016/j.rasd.2014.12.015.

17. Cassidy, S., Roche, B., & O'Hora, D. (2010). Relational frame theory and human intelligence. *European Journal of Behavior Analysis*, 11 (1), 37–51.

    O'Hora, D, Pelaez M, & Barnes–Holmes D (2005). Derived relational responding and performance on verbal sub–tests of the WAIS– Ⅲ. *The Psychological Record*, 55, 155–175.

    O'Hora, D., Pelaez, M., Barnes–Holmes, D., Rae, G., Robinson, K., & Chaudhary, T. (2008). Temporal relations and intelligence: Correlating relational performance with performance on the WAIS– Ⅲ. *Psychological Record*, 58 (4), 16. Retrieved from Google Scholar.

O'Toole, C., & Barnes-Holmes, D. (2009). Three chronometric indices of relational responding as predictors of performance on a brief intelligence test: The importance of relational flexibility. *The Psychological Record*, 59 (1), 119–132. Retrieved from http://opensiuc.lib.siu.edu/tpr/vol59/iss1/7/.

18. E.g.,

Roche, B., & Barnes, D. (1997). A transformation of respondently conditioned stimulus function in accordance with arbitrarily applicable relations. *J Exp Anal Behav*, 67(3), 275–301. doi:10.1901/jeab.1997.67-275.

19. E.g.,

Berens, N. M., & Hayes, S. C. (2007). Arbitrarily applicable comparative relations: Experimental evidence for a relational operant. *Journal of Applied Behavior Analysis*, 40(1), 45. doi:10.1901/jaba.2007.7-06.

20. E.g.,

Barnes-Holmes, Y., Barnes-Holmes, D., & Smeets, P. M. (2004). Establishing relational responding in accordance with opposite as generalized operant behavior in young children. *International Journal of Psychology and Psychological Therapy*, 4(3), 559–586. Retrieved from http://www.ijpsy.com/volumen4/num3/100/establishing-relational-responding-in-accordance-EN.pdf.

21. E.g.,

Stewart, I., & Barnes-Holmes, D. (2004). Relational frame theory and analogical reasoning: Empirical investigations. *International Journal of Psychology and Psychological Therapy*, 4(2), 241–262. Retrieved from http://www.ijpsy.com/volumen4/num2/83/relational-frame-theory-and-analogical-reasoning-EN.pdf.

Persicke, A., Tarbox, J., Ranick, J., & St. Clair, M. (2012). Establishing metaphorical reasoning in children with autism. *Research in Autism Spectrum Disorders*, 6(2), 913–920. doi:10.1016/

j.rasd.2011.12.007.

22. O'Hora, D., Barnes-Holmes, D., Roche, B., & Smeets, P. (2004). Derived relational networks and control by novel instructions: A possible model of generative verbal responding. *Psychological Record*, 54(3), 437-460. Retrieved from http://opensiuc.lib.siu.edu/tpr/vol54/iss3/8/.
23. McHugh, L., Barnes-Holmes, Y., & Barnes-Holmes, D. (2004). Perspective-taking as relational responding: A developmental profile. *Psychological Record*, 54(1), 115-144. Retrieved from http://opensiuc.lib.siu.edu/tpr/vol54/iss1/8/.
24. E.g.,

    Cassidy, S., Roche, B., & Hayes, S. C. (2011). A relational frame training intervention to raise intelligence quotients: A pilot study. *The Psychological Record*, 61(2), 173-198. Retrieved from http://opensiuc.lib.siu.edu/tpr/vol61/iss2/2/.

    Cassidy, S., Roche, B., Colbert, D., Stewart, I., & Grey, I. M. (2016). A relational frame skill training intervention to increase general intelligence and scholastic aptitude. *Learning and Individual Differences*, 47, 222-235.

    Colbert, D., Tyndall, I., Roche, B. & Cassidy, S. (2018). Can SMART Training Really increase Intelligence? A Replication Study. *Journal of Behavioral Education*. 10. 1007/s10864-018-9302-2.

    Hayes, J. & Stewart, I. (2016). Comparing the effects of derived relational training and computer coding on intellectual potential in school-age children. *British Journal of Educational Psychology*, 86(3), 397-411. doi:10.1111/bjep.12114.
25. Gross, A. C., & Fox, E. J. (2009). Relational frame theory: An overview of the controversy. *The Analysis of Verbal Behavior*, 25, 87-98.
26. E.g.,

    Sundberg, M. L., & Partington, J. W. (2010). *Teaching language to children with autism or other developmental disabilities*. Walnut Creek, CA: AVB Press.

27. Barnes-Holmes, D., Barnes-Holmes, Y., & Cullinan, V. (2000). Relational frame theory and Skinner's verbal behavior: A possible synthesis. *The Behavior Analyst*, 23(1), 69-84. Retrieved from http://www.ncbi.nlm.nih.gov/pmc/articles/PMC2731367/.

28. E.g.,

Murphy, C., Barnes-Holmes, D., & Barnes-Holmes, Y. (2005). Derived manding in children with autism: Synthesizing Skinner's verbal behavior with relational frame theory. *Journal of Applied Behavior Analysis*, 38(4), 445-462. doi:10.1901/jaba.2005.97-04.

Rosales, R., & Rehfeldt, R. A. (2007). Contriving transitive conditioned establishing operations to establish derived manding skills in adults with severe developmental disabilities. *Journal of Applied Behavior Analysis*, 40(1), 105-121. doi:10.1901/jaba.2007.117-05.

29. For a review, see:

Ming, S., Moran, L., & Stewart, I. (2014). Derived relational responding and generative language: Applications and future directions for teaching individuals with autism spectrum disorders. *European Journal of Behavior Analysis*, 15(2), 199-224. doi:10.1080/15021149.2014.11434722.

30. Rosales-Ruiz & Baer, 1997; Bosch & Fuqua, 2001.

31. Hall, G., & Sundberg, M. L. (1987). Teaching mands by manipulating conditioned establishing operations. *The Analysis of Verbal Behavior*, 5, 41-53. Retrieved from http://www.ncbi.nlm.nih.gov/pmc/articles/PMC2748450/.

Sundberg, M. L, Loeb,M.， Hale,L.， & Eigenheer, P.（2002）. Contriving establishing operations to teach mands for information. *The Analysis of Verbal Behavior*, 18, 14-28.

Sundberg, M. L, & Partington, J. W. (2010). *Teaching language to children with autism or other developmental disabilities*. Walnut Creek, CA: AVB Press.

32. Albert, K. M., Carbone, V. J., Murray, D. D., Hagerty, M., & Sweeney-Kerwin, E. J. (2012).

Increasing the mand repertoire of children with autism through the use of an interrupted chain procedure. *Behavior Analysis in Practice*, 5(2), 65–76.

Carbone, V. J. (2013). The establishing operation and teaching verbal behavior. *Anal Verbal Behav*, 29(1), 45–9. Retrieved from http://www.ncbi.nlm.nih.gov/pmc/articles/PMC3659491/.

33. Geer, R. D., & Ross. D. E. (2008). Verbal behavior analysis: Inducing and expanding new verbal capabilities in children with language delays. New York: Allyn & Bacon.

Ross, D. E., & Greer, R. D. (2003). Generalized imitation and the mand: Inducing first instances of speech in young children with autism. *Res Dev Disabil*, 24(1), 58–74. doi:10.1016/S0891-4222(02)00167-1.

34. Barbera, M. L., & Rasmussen, T. (2007). *The verbal behavior approach: How to teach children with autism and related disorders*. Philadelphia, PA: Jessica Kingsley Publishers.

Sundberg, M. L., & Partington, J. W. (2010). *Teaching language to children with autism or other developmental disabilities*. Walnut Creek, CA: AVB Press.

35. Pelaez, M. (2009). Joint attention and social referencing in infancy as precursors of derived relational responding. In Rehfeldt., R. A. & Barnes-Holmes, Y. (Eds.), *Derived Relational Responding: Applications for learners with autism and other developmental disabilities*. Oakland, CA: New Harbinger Publications.

36. Holth, P. (2005). An operant analysis of joint attention skills. *Journal of Early Intensive Behavioral intervention*, 2(3), 169–175.

Isaksen, J., & Holth, P. (2009). An operant approach to teaching joint attention skills to children with autism. *Behavioral Interventions*, 24(4), 215–236. doi:10.1002/bin.292.

37. Jones, E. A., & Carr, E. G. (2004). Joint attention in children with autism: Theory and intervention. *Focus on Autism and Other Developmental Disabilities*, 19(1), 13.

38. Hixon, M. D. (2004). Behavioral cusps, basic behavioral repertoires, and cumulative-hierarchical

learning. *The Psychological Record*, 54(3), 387–403.

39. Du, L., Speckman, J., Medina, M. et al. (2017) The effects of an auditory matching iPad app on three preschoolers' echoic and listener responses. *Behavior Analysis in Practice*, 10:118. https://doi.org/10.1007/s40617-017-0174-z.

40. Suchowierska, M. (2006). Recombinative generalization: Some theoretical and practical remarks. *International Journal of Psychology*, 41(6), 514–522. doi:10.1080/00207590500492534.

41. E.g.,

    Axe, J. B., & Sainato, D. M. (2010). Matrix training of preliteracy skills with preschoolers with autism. *Journal of Applied Behavior Analysis*, 43(4), 635–52. doi:10.1901/jaba.2010.43-635.

42. Townley-Cochran, D., Leaf, J. B., Taubman, M., Leaf, R., McEachin, J., & Foundation, A. P. (2015). Observational learning for students diagnosed with autism: A review paper. *Review Journal of Autism and Developmental Disorders*, 2(3), 262–272. doi:10.1007/s40489-015-0050-0.

43. Kent, G., Galvin, E., Barnes-Holmes, Y., Murphy, C., & Barnes-Holmes, D. (2017). Relational responding: Testing, training, and sequencing effects among children with autism and typically developing children. *Behavioral Development Bulletin*, 22(1), 94.

    Murphy, C., & Barnes-Holmes, D.(2017). Teaching Important Relational Skills for Children with Autism Spectrum Disorder and Intellectual Disability Using Freely Available (GO-IRAP) Software. Austin Journal of Autism and Related Disabilities, 3(2), 1041.

44. Dymond, S., & Whelan, R. (2010). Derived relational responding: A comparison of matching-to-sample and the relational completion procedure. *Journal of the Experimental Analysis of Behavior*, 94, 37–55.

    Dymond, S., Ng, T.C., & Whelan, R. (2013) .Establishing arbitrarily applicable relations of same and opposite with the relational completion procedure: Selection-based feedback. *The Psychological Record*, 63, 1–20.

    Walsh, S., Horgan, J., May, R.J., Dymond, S., & Whelan, R. (2014). Facilitating relational framing in children and individuals with developmental delay using the relational completion procedure. *Journal of the Experimental Analysis of Behavior*, 101(1), 51–60. doi:10.1002/jeab.66.

45. Kishita, N., Ohtsuki, T., & Stewart, I. (2013). The training and assessment of relational precursors and abilities (TARPA): A follow-up study with typically developing children. *Journal of Contextual Behavioral Science*, 2, 15–21. doi:10.1016/j.jcbs.2013.01.001.

    Ming, S., Stewart, I., McElwee, J., & Bynum, K. (2015). Contextual control over derived relational responding in a teenager with autism. *Research in Autism Spectrum Disorders*, doi:10.1016/j.rasd.2015.03.003.

    Ming, S. (2015). Assessing and training early emergent derived relational responding in children with autism. Doctoral Thesis. Retrieved from http://hdl.handle.net/10379/5549.

    Moran, L., Stewart, I., McElwee, J., & Ming, S. (2010). Brief report: The training and assessment of relational precursors and abilities (TARPA): A preliminary analysis. J Autism Dev Disord, 40(9), 1149–53. doi:10.1007/s10803-010-0968-0.

    Moran, L., Stewart, I., McElwee, J., & Ming, S. (2014). Relational ability and language performance in children with autism spectrum disorders and typically developing children: A further test of the TARPA protocol. *The Psychological Record*, 64(2), 233–251. doi:10.1007/s40732-014-0032-0.

    Moran, L., Walsh, L., Stewart, I., McElwee, J., & Ming, S. (2015). Correlating derived relational responding with linguistic and cognitive ability in children with autism spectrum disorders. *Research in Autism Spectrum Disorders*, 19, 32–43. doi:10.1016/j.rasd.2014.12.015.

46. Luciano, C., Gomez-Becerra, I., & Rodriguez-Valverde, M. (2007). The role of multiple-exemplar training and naming in establishing derived equivalence in an infant. *Journal of the Experimental Analysis of Behavior*, 87(3), 349–365. doi:10.1901/jeab.2007.8-06.

47. For a review, see:

    Ming, S., Moran, L., & Stewart, I. (2014). Derived relational responding and generative language:

Applications and future directions for teaching individuals with autism spectrum disorders. *European Journal of Behavior Analysis*, 15(2), 199–224. doi:10.1080/15021149.2014.11434722.

48. Green, G. (1990). Differences in development of visual and auditory–visual equivalence relations. *American Journal on Mental Retardation*, 95(3), 260–270. Retrieved from http://www.ncbi.nlm.nih.gov/pubmed/2261159.

Smeets, P. M., & Barnes–Holmes, D. (2010). Auditory–Visual and visual–visual equivalence relations in children. *The Psychological Record*, 55(3), 8. Retrieved from http://opensiuc.lib.siu.edu/tpr/vol55/iss3/8/.

49. Arntzen, E., Vaidya, M., & Halstadtro, L. B. (2008). On the role of instruction in conditional discrimination training. *Experimental Analysis of Human Behavior Bulletin*, 29, 17–24. Retrieved from https://www.researchgate.net/profile/Erik_Arntzen/publication/237010588_On_the_role_of_instruction_in_conditional_discrimination_training/links/02e7e53869705f4057000000.pdf.

Pilgrim, C., Jackson, J., & Galizio, M. (2000). Acquisition of arbitrary conditional discriminations by young normally developing children. *Journal of the Experimental Analysis of Behavior*, 73(2), 177–193. doi:10.1901/jeab.2000.73–177.

50. Saunders, R. R., Wachter, J., & Spradlin, J. E. (1988). Establishing auditory stimulus control over an eight–member equivalence class via conditional discrimination procedures. *J Exp Anal Behav*, 49(1), 95–115. doi:10.1901/jeab.1988.49–95.

Spradlin, J. E., & Saunders, R. R. (1986). The development of stimulus classes using match–to–sample procedures: Sample classification versus comparison classification. *Analysis and Intervention in Developmental Disabilities*, 6(1–2), 41–58. doi:10.1016/0270–4684(86)90005–4

Barnes, D. (1994). Stimulus equivalence and relational frame theory. *The Psychological Record*, 44, 91–124. Retrieved from http://psycnet.apa.org/psycinfo/1994–32107–001.

Arntzen, E., Vaidya, M., & Halstadtro, L. B. (2008). On the role of instruction in conditional discrimination training. *Experimental Analysis of Human Behavior Bulletin*, 29, 17–24. Retrieved from https://www.researchgate.net/profile/Erik_Arntzen/publication/237010588_On_the_role_of_instruction_in_conditional_discrimination_training/links/02e7e53869705f4057000000.pdf.

Arntzen, E., & Holth, P. (2012). Probability of stimulus equivalence as a function of training design. *The Psychological Record*, 47(2), 9. Retrieved from http://opensiuc.lib.siu.edu/tpr/vol47/iss2/9/.

Smeets, P. M., & Barnes-Holmes, D. (2005). Establishing equivalence classes in preschool children with one-to-many and many-to-one training protocols. *Behavioural Processes*, 69(3), 281-293. doi:10.1016/j.beproc.2004.12.009.

51. Petursdottir, A. I., & Carr, J. E. (2011). A review of recommendations for sequencing receptive and expressive language instruction. *Journal of Applied Behavior Analysis*, 44(4), 859-76. doi:10.1901/jaba.2011.44-859.

52. Petursdottir, A. I., Olafsdóttir, A. R., & Aradóttir, B. (2008). The effects of tact and listener training on the emergence of bidirectional intraverbal relations. *Journal of Applied Behavior Analysis*, 41(3), 411-5. doi:10.1901/jaba.2008.41-411.

Sprinkle, E. C., & Miguel, C. F. (2012). The effects of listener and speaker training on emergent relations in children with autism. *Anal Verbal Behav*, 28(1), 111-7. Retrieved from http://www.ncbi.nlm.nih.gov/pmc/articles/PMC3363411/.

53. McLay, L., Church, J., & Sutherland, D. (2014). Variables affecting the emergence of untaught equivalence relations in children with and without autism. *Developmental Neurorehabilitation*. Retrieved from informahealthcare.com:http://informahealthcare.com/doi/abs/10.3109/17518423.2014.899649.

54. Adams, B. J., Fields, L., & Verhave, T. (1993). Effects of test order on intersubject variability during equivalence class formation. *The Psychological Record*, 43(1), 133-152. Retrieved from http://psycnet.apa.org/psycinfo/1993-28235-001.

Fields, L., Adams, B. J., Newman, S., & Verhave, T. (1992). Interactions among emergent relations during equivalence class formation. *The Quarterly Journal of Experimental Psychology*, 45(2), 125–138. doi:10.1080/14640749208401013.

Smeets, P. M., Dymond, S., & Barnes–Holmes, D. (2000). Instructions, stimulus equivalence, and stimulus sorting: Effects of sequential testing arrangements and a default option. *The Psychological Record*, 50(2), 339–354. Retrieved from http://opensiuc.lib.siu.edu/tpr/vol50/iss2/8/.

55. Arntzen, E., & Hansen, S. (2011). Training structures and the formation of equivalence classes. *European Journal of Behavior Analysis*, 12(2), 483–503. Retrieved from http://www.ejoba.org/PDF/2011_2/Arntzen_Hansen_2011.pdf.

Arntzen, E., & Holth, P. (2000). Equivalence outcome in single subjects as a function of training structure. *The Psychological Record*, 50(4), 803–828. Retrieved from http://opensiuc.lib.siu.edu/tpr/vol50/iss4/1/.

56. Pelaez, M., Gewirtz, J. L., Sanchez, A., & Mahabir, N. M. (2000). Exploring stimulus equivalence formation in infants. *Behavioral Development Bulletin*, 9, 23–28. doi:http://dx.doi.org/10.1037/h0100534.

57. Sidman, M. (1987). Two choices are not enough. *Behavior Analysis*, 22(1), 11–18. Retrieved from http://www.equivalence.net/pdf/Sidman_1987.pdf.

Carrigan, P. F., & Sidman, M. (1992). Conditional discrimination and equivalence relations: A theoretical analysis of control by negative stimuli. J Exp Anal Behav, 58(1), 183–204. doi:10.1901/jeab.1992.58–183.

Boelens, H. (2002). Studying stimulus equivalence: Defense of the two–choice procedure. *The Psychological Record*, 52(3), 305–314. Retrieved from http://opensiuc.lib.siu.edu/tpr/vol52/iss3/4/.

58. Ming, S., Stewart, I., Moran, L., & McElwee, J. (2011). Testing a computer–based training protocol for the assessment of generative verbal behavior in children with ASD. Poster presented at the Association for Behavior Analysis Autism Conference, Washington, DC.

Stewart, I., McElwee, J., Ming, S., & Burgess, C. (2010). *Testing a computer–based training protocol for the assessment of generative verbal behavior in children with ASD*. Symposium presented at the 2010 annual conference of the Association for Behavior Analysis: International.

59. Arntzen, E., & Lian, T. (2010). Trained and derived relations with pictures versus abstract stimuli as nodes. *The Psychological Record*, 60(4), 659–678. Retrieved from http://opensiuc.lib.siu.edu/tpr/vol60/iss4/8/.

    Eikeseth, S., & Smith, T. (1992). The development of functional and equivalence classes in high-functioning autistic children: The role of naming. *J Exp Anal Behav*, 58(1), 123–33. doi:10.1901/jeab.1992.58-123.

    Dickins, D. W., Bentall, R. P., & Smith, A. B. (1993). The role of individual stimulus names in the emergence of equivalence relations: The effects of interpolated paired-associates training of discordant associations between names. *The Psychological Record*, 43(4), 713–724. Retrieved from http://psycnet.apa.org/psycinfo/1994-16285-001.

60. Fields, L., Arntzen, E., Nartey, R. K., & Eilifsen, C. (2012). Effects of a meaningful, a discriminative, and a meaningless stimulus on equivalence class formation. *J Exp Anal Behav*, 97(2), 163–81. doi:10.1901/jeab.2012.97-163.

    Fields, L., & Arntzen, E. (2017). Meaningful stimuli and the enhancement of equivalence class formation. *The Behavior Analyst*, 1–25. doi:10.1007/s40614-017-0134-5.

61. Randell, T., & Remington, B. (1999). Equivalence relations between visual stimuli: The functional role of naming. *J Exp Anal Behav*, 71(3), 395–415. doi:10.1901/jeab.1999.71-395.

62. Mandell, C., & Sheen, V. (1994). Equivalence class formation as a function of the pronounceability of the sample stimulus. *Behavioural Processes*, 32(1), 29–46. doi:10.1016/0376-6357(94)90025-6.

63. Smeets, P.M., & Barnes-Holmes, D. (2005). Establishing equivalence classes in preschool children with one-to-many and many-to-one training protocols. *Behavioural Processes*, 69(3), 281–293. doi:10.1016/j.beproc.2004.12.009.

64. Ming, S., Stewart, I., McElwee, J., & Bynum, K. (2015). Contextual control over derived relational

responding in a teenager with autism. *Research in Autism Spectrum Disorders*. doi:10.1016/j.rasd.2015.03.003.

65. Pilgrim, C., Jackson, J., & Galizio, M. (2000). Acquisition of arbitrary conditional discriminations by young normally developing children. *Journal of the Experimental Analysis of Behavior*, 73(2), 177–193. doi:10.1901/jeab.2000.73-177.

66. American Speech-Language-Hearing Association. (n.d.). Activities to encourage speech and language development. [Web page] Retrieved from http://www.asha.org/public/speech/development/parent-stim-activities.htm.

67. Lipkens, R., Hayes, S. C., & Hayes, L. J. (1993). Longitudinal study of the development of derived relations in an infant. *Journal of Experimental Child Psychology*, 56(2), 201–239. doi:10.1006/jecp.1993.1032.

68. See, e.g.:

    Devany, J. M., Hayes, S. C., & Nelson, R. O. (1986). Equivalence class formation in language-able and language-disabled children. *J Exp Anal Behav*, 46(3), 243–57. doi:10.1901/jeab.1986.46-243.

    McLay, L. K., Sutherland, D., Church, J., & Tyler-Merrick, G. (2013). The formation of equivalence classes in individuals with autism spectrum disorder: A review of the literature. *Research in Autism Spectrum Disorders*, 7(2), 418–431. doi:10.1016/j.rasd.2012.11.002.

69. Horne, P. J., & Lowe, C. F. (1996). On the origins of naming and other symbolic behavior. *J Exp Anal Behav*, 65(1), 185–241. doi:10.1901/jeab.1996,65-185.

70. Greer, R. D., & Speckman, J. (2009). The integration of speaker and listener responses: A theory of verbal development. *The Psychological Record*, 59, 449–488. Retrieved from http://opensiuc.lib.siu.edu/tpr/vol59/iss3/8/.

71. For a review, see:

    Ming, S., Moran, L., & Stewart, I. (2014). Derived relational responding and generative language:

Applications and future directions for teaching individuals with autism spectrum disorders. *European Journal of Behavior Analysis*, 15(2), 199–224. doi:10.1080/15021149.2014.11434722.

72. Lipkens, R., Hayes, S. C., & Hayes, L. J. (1993). Longitudinal study of the development of derived relations in an infant. *Journal of Experimental Child Psychology*, 56(2), 201–239. doi:10.1006/jecp.1993.1032.

Luciano, C., Gomez–Becerra, l., & Rodriguez–Valverde, M. (2007). The role of multiple–exemplar training and naming in establishing derived equivalence in an infant. *Journal of the Experimental Analysis of Behavior*, 87(3), 349–365. doi:10.1901/jeab.2007.8–06.

73. Barnes–Holmes, Y., Barnes–Holmes, D., Smeets, P. M., Strand, P., & Friman, P. (2004). Establishing relational responding in accordance with more–than and less–than as generalized operant behavior in young children. *International Journal of Psychology and Psychological Therapy*, 4(3), 531–558. Retrieved from http://www.ijpsy.com/volumen4/num3/99/establishing–relational–responding–in–accordance–EN.pdf.

Berens, N. M., & Hayes, S. C. (2007). Arbitrarily applicable comparative relations: Experimental evidence for a relational operant. *Journal of Applied Behavior Analysis*, 40(1), 45. doi:10.1901/jaba.2007.7–06.

Gorham, M., Barnes–Holmes, Y., Barnes–Holmes, D., & Berens, N. (2009). Derived comparative and transitive relations in young children with and without autism. *The Psychological Record*, 59, 221–246. Retrieved from http://opensiuc.lib.siu.edu/tpr/vol59/iss2/5/.

Weil, T. M., Hayes, S. C., & Capurro, P. (2011). Establishing a deictic relational repertoire in young children. *The Psychological Record*, 61(3), 371–390. Retrieved from http://opensiuc.lib.siu.edu/tpr/vol 61/iss3/5/.

74. Allan, A. C., Vladescu, J. C., Kisamore, A. N., Reeve, S. A., & Sidener, T. M. (2014). Evaluating the emergence of reverse intraverbals in children with autism. *Analysis Verbal Behav*, 31(1), 59–75. doi:10.1007/s40616–014–0025–8.

Greer, R. D., & Ross, D. E. (2008). Verbal behavior analysis: Inducing and expanding new verbal capabilities in children with language delays. New York: Allyn & Bacon.

Greer, R. D., Stolfi, L., Chavez-Brown, M., & Rivera-Valdes, C. (2005). The emergence of the listener to speaker component of naming in children as a function of multiple exemplar instruction. *The Analysis of Verbal Behavior*, 21(1), 123. Retrieved from http://www.ncbi.nlm.nih.gov/pmc/articles/PMC2774093/.

Greer, R. D. Stolfi, L., & Pistoljevic, N. (2007). Emergence of naming in preschoolers: A comparison of multiple and single exemplar instruction. *European Journal of Behavior Analysis*, 8(2), 109. Retrieved from http://www.ejoba.org/PDF/2007_2/Greer_Stolfi_Pistoljevic_2007.pdf.

Luciano, C., Gomez-Becerra, I., & Rodriguez-Valverde, M. (2007). The role of multiple-exemplar training and naming in establishing derived equivalence in an infant. *Journal of the Experimental Analysis of Behavior*, 87(3), 349–365. doi:10.1901/jeab.2007.8-06.

Pérez-González, L. A., Garcia-Asenjo, L., Williams, G., & Carnerero, J. J. (2007). Emergence of intraverbal antonyms in children with pervasive developmental disorder. *Journal of Applied Behavior Analysis*, 40(4), 697–701. doi:10.1901/jaba.2007.697-701.

75. Walsh, S., Horgan, J., May, R. J., Dymond, S., & Whelan, R. (2014). Facilitating relational framing in children and individuals with developmental delay using the relational completion procedure. *Journal of the Experimental Analysis of Behavior*, 101(1), 51–60. doi:10.1002/jeab.66.

76. Schillingsburg, M. A., Frampton, S. E., Cleveland, S. A., & Cariveau, T. (2018). A clinical application of procedures to promote the emergence of untrained intraverbal relations with children with autism. *Learning and Motivation*, 62, 51–66. doi:10.1016/j.lmot.2017.02.003.

77. Ming, S. (2015). Assessing and training early emergent derived relational responding in children with autism. Doctoral Thesis. Retrieved from http://hdl.handle.net/10379/5549.

78. E.g.,:

Greer, R. D., Stolfi, L., & Pistoljevic, N. (2007). Emergence of naming in preschoolers: A comparison of multiple and single exemplar instruction. *European Journal of Behavior Analysis*, 8(2), 109. Retrieved from http://www.ejoba.org/PDF/2007_2/Greer_Stolfi_Pistoljevic_2007.pdf.

Miguel, C. F., & Petursdottir, A. I. (2009). Naming and frames of coordination. In R. A. Rehfeldt & Y. Barnes-Holmes (Eds.), Derived relational responding applications for learners with autism and other developmental disabilities: A progressive guide to change (pp. 129-148). Oakland, CA: New Harbinger Publications.

79. Greer,R. D.,& Ross, D. E.（2008）. Verbal behavior analysis: Inducing and expanding new verbal capabilities in children with language delays. New York: Allyn & Bacon.

Rosales, R., Rehfeldt, R. A., & Huffman, N. (2012). Examining the utility of the stimulus pairing observation procedure with preschool children learning a second language. *Journal of Applied Behavior Analysis*, 45(1), 173-7. doi:10.1901/jaba.2012.45-173.

Miguel, C. F., & Petursdottir, A. I. (2009). Naming and frames of coordination. In R. A. Rehfeldt & Y. Barnes-Holmes (Eds.), Derived relational responding applications for learners with autism and other developmental disabilities: A progressive guide to change (pp. 129-148). Oakland, CA: New Harbinger Publications.

Ming, S. (2015). Assessing and training early emergent derived relational responding in children with autism. Doctoral Thesis. Retrieved from http://hdl.handle.net/10379/5549.

Walker, B. D., & Rehfeldt, R. A. (2012). An evaluation of the stimulus equivalence paradigm to teach single-subject design to distance education students via Blackboard. *Journal of Applied Behavior Analysis*, 45(2), 329.

Walsh, S., Horgan, J., May, R. J., Dymond, S., & Whelan, R. (2014). Facilitating relational framing in children and individuals with developmental delay using the relational completion procedure. *Journal of the Experimental Analysis of Behavior*, 101(1), 51-60. doi:10.1002/jeab.66.

80. Rehfeldt, R. A., & Root, S. L. (2005). Establishing derived requesting skills in adults with severe developmental disabilities. *Journal of Applied Behavior Analysis*, 38(1), 101-5. doi:10.1901/

jaba.2005.106–03.

Rosales, R., & Rehfeldt, R. A. (2007). Contriving transitive conditioned establishing operations to establish derived manding skills in adults with severe developmental disabilities. *Journal of Applied Behavior Analysis*, 40(1), 105–121. doi:10.1901/jaba.2007.117–05.

81. Murphy, C., Barnes–Holmes, D., & Barnes–Holmes, Y. (2005). Derived manding in children with autism: Synthesizing skinner's verbal behavior with relational frame theory. *Journal of Applied Behavior Analysis*, 38(4), 445–462. doi:10.1901/jaba.2005.97–04.

Murphy, C., & Barnes–Holmes, D. (2010). Establishing five derived mands in three adolescent boys with autism. *Journal of Applied Behavior Analysis*, 43, 537–541.

82. Sprinkle, E. C., & Miguel, C. F. (2013). Establishing derived textual activity schedules in children with autism. Behavioral Interventions, 28(3), 185–202. doi:10.1002/bin.1365.

83. Greer, R. D., & Ross, D. E. (2008). Verbal behavior analysis: Inducing and expanding new verbal capabilities in children with language delays. New York: Allyn & Bacon.

84. For reviews, see:

Ming, S., Moran, L., & Stewart, I. (2014). Derived relational responding and generative language: Applications and future directions for teaching individuals with autism spectrum disorders. *European Journal of Behavior Analysis*, 15(2), 199–224. doi:10.1080/15021149.2014.1143 4722.

Rehfeldt, R. A. (2011). Toward a technology of derived stimulus relations: An analysis of articles published in the journal of applied behavior analysis, 1992–2009. *Journal of Applied Behavior Analysis*, 44(1), 109–119. doi:10.1901/jaba.2011,44–109.

85. Schillingsburg, M. A., Frampton, .S. E., Cleveland, S. A., & Cariveau, T. (2018). A clinical application of procedures to promote the emergence of untrained intraverbal relations with children with autism. *Learning and Motivation*, 62, 51–66. doi:10.1016/j.lmot.2017.02.003.

Smith, D. P., Eikeseth, S., Fletcher, S. E., Montebelli, L., Smith, H. R., & Taylor, J. C. (2016).

Emergent intraverbal forms may occur as a result of listener training for children with autism. *The Analysis of Verbal Behavior*, 32(1), 27–37. doi:10.1007/s40616-016-0057-3.

86. E.g.,

De Rose, J., De Souza, D. G., & Hanna, E. S. (1996). Teaching reading and spelling: Exclusion and stimulus equivalence. *Journal of Applied Behavior Analysis*, 29(4), 451–69. doi:10.1901/jaba.1996.29-451.

Sidman, M., Cresson, O., & Willson-Morris, M. (1974). Acquisition of matching to sample via mediated transfer. *Journal of the Experimental Analysis of Behavior*, 22(2), 261–273. doi:10.1901/jeab.1974.22-261.

87. E.g.,

Cowley, B. J., Green, G., & Braunling-McMorrow, D. (1992). Using stimulus equivalence procedures to teach name-face matching to adults with brain injuries. *Journal of Applied Behavior Analysis*, 25(2), 461–75. doi:10.1901/jaba.1992.25-461.

88. Miguel, C. F., Yang, H. G., Finn, H. E., & Ahearn, W. H. (2009). Establishing derived textual control in activity schedules with children with autism. *Journal of Applied Behavior Analysis*, 42(3), 703–9. doi:10.1901/jaba.2009.42-703.

Sprinkle, E. C., & Miguel, C. F. (2013). Establishing derived textual activity schedules in children with autism. *Behavioral interventions*, 28(3), 185–202. doi:10.1002/bin.1365.

89. LeBlanc, L. A., Miguel, C. F., Cummings, A. R., Goldsmith, T. R., & Carr, J. E. (2003). The effects of three stimulus-equivalence testing conditions on emergent US geography relations of children diagnosed with autism. *Behavioral Interventions*, 18, 279–289. doi:10.1002/bin.144.

Dixon, M. R., Stanley, C., Belisle, J., Galliford, M. E., Alholail, A., & Schmick, A. M. (2017). Establishing derived equivalence relations of basic geography skills in children with autism. *The Analysis of Verbal Behavior*, 33(2), 290–295. doi:10.1007/s40616-017-0084-8.

90. Keintz, K. S., Miguel, C. F., Kao, B., & Finn, H. E. (2011). Using conditional discrimination

training to produce emergent relations between coins and their values in children with autism. *Journal of Applied Behavior Analysis*, 44(4), 909. doi:10.1901/jaba.2011.44-909.

McDonagh, C., Mcllvane, J., & Stoddard, T. (1984). Teaching coin equivalences via matching to sample. *Applied Research in Mental Retardation*, 5(2), 177-197. doi:10.1016/S0270-3092(84)80001-6.

91. E.g.,

Gatch, M. B., & Osborne, J. G. (1989). Transfer of contextual stimulus function via equivalence class development. *Journal of the Experimental Analysis of Behavior*, 51(3), 369-378. doi:10.1901/jeab.1989.51-369Halvey & Rehfeldt 2005;

Murphy, C., & Barnes-Holmes, D. (2009). Derived more-less relational mands in children diagnosed with autism. *Journal of Applied Behavior Analysis*, 42(2), 253-268. doi:10.1901/jaba.2009.42-253.

Murphy, C. & Barnes-Holmes, D. (2009). Establishing derived manding for specific amounts with three children: An attempt at synthesizing skinner's verbal behavior with relational frame theory. *The Psych*ological Record, 59(1), 75-92. Retrieved from http://opensiuc.lib.siu.edu/tpr/vol59/iss1/5/.

Rehfeldt, R. A., & Root, S. L. (2005). Establishing derived requesting skills in adults with severe developmental disabilities. *Journal of Applied Behavior Analysis*, 38(1), 101-5. doi:10.1901/jaba.2005.106-03.

Rosales, R., & Rehfeldt, R. A. (2007). Contriving transitive conditioned establishing operations to establish derived manding skills in adults with severe developmental disabilities. *Journal of Applied Behavior Analysis*, 40(1), 105-121. doi:10.1901/jaba.2007.117-05.

92. Sundberg, M. L., & Partington, J. W. (2010). Teaching language to children with autism or other developmental disabilities. Walnut Creek, CA: AVB Press.

93. Schillingsburg, M. A., Frampton， .S. E., Cleveland,S. A.,& Cariveau,T. (2018). A clinical

application of procedures to promote the emergence of untrained intraverbal relations with children with autism. *Learning and Motivation*, 62, 51–66. doi:10.1016/j.lmot.2017.02.003.

94. Axe, J. B. (2008). Conditional discrimination in the intraverbal relation: A review and recommendations for future research. *The Analysis of Verbal Behavior*, 24, 159–174.

95. Michael, J., Palmer, D. C., & Sundberg, M. L. (2011). The multiple control of verbal behavior. *The Analysis of Verbal Behavior*, 27(1), 3–22.

96. See, e.g.,:

    Albert, K. (2013) Protocols for teaching intermediate to advanced listener tact, and intraverbal responding by feature, function, or class during discrete trial instruction. Presentation at the 2013 National Autism Conference, State College, PA.

97. Sundberg, M. L., & Partington, J. W. (2010). Teaching language to children with autism or other developmental disabilities. Walnut Creek, CA: AVB Press.

98. Ming, S., Mulhern, T., Stewart, I., Moran, L., & Bynum, K. (2018). Training class inclusion responding in typically developing children and individuals with autism. *Journal of Applied Behavior Analysis*, 51(1), 53–60. doi:10.1002/jaba.429.

    Mulhern, T., Stewart, I., & McElwee, J. (2018). Facilitating relational framing of classification in young children. *Journal of Contextual Behavioral Science*, 8, 55–68. doi:10.1016/j.jcbs.2018.04.001.